改变世界 中国杰出企业家研究系列丛书

为世界贡献东方企业家的商业智慧与管理思想

苏勇 主编

行稳致远：姜建清管理思想探究

沈 磊 徐小龙◎著

企业管理出版社
ENTERPRISE MANAGEMENT PUBLISHING HOUSE

图书在版编目（CIP）数据

行稳致远：姜建清管理思想探究 / 沈磊，徐小龙著. -- 北京：企业管理出版社，2022.2

（改变世界：中国杰出企业家研究系列丛书 / 苏勇主编）

ISBN 978-7-5164-2523-7

Ⅰ. ①行… Ⅱ. ①沈… ②徐… Ⅲ. ①姜建清—企业管理—思想评论②银行管理—研究—中国 Ⅳ. ①F272②F832.1

中国版本图书馆CIP数据核字（2021）第244089号

书　　名：行稳致远：姜建清管理思想探究
书　　号：ISBN 978-7-5164-2523-7
作　　者：沈　磊　徐小龙
责任编辑：尤　颖　宋可力
出版发行：企业管理出版社
经　　销：新华书店
地　　址：北京市海淀区紫竹院南路17号　　邮　　编：100048
网　　址：http://www.emph.cn　　电子信箱：emph001@163.com
电　　话：编辑部（010）68701638　　发行部（010）68701816
印　　刷：河北宝昌佳彩印刷有限公司
版　　次：2022年2月第1版
印　　次：2022年2月第1次印刷
开　　本：710mm × 1000mm　1/16
印　　张：12.5印张
字　　数：150千字
定　　价：58.00元

改变世界
中国杰出企业家研究系列丛书

编委会

丛书总序

在中国现代化进程中，企业家是处于改革开放最前列的一个重要群体。他们率先感受到市场经济大潮和全球化竞争的严峻，以自己的智慧和胆识，带领日益强大的中国企业在世界舞台上一展身手，用自己的思想和行动改变着这个社会，改变着这个世界。

1911 年，管理学发展史上的奠基之作《科学管理原理》（*The Principles of Scientific Management*）出版发行，标志着管理学作为一门学科的诞生，它使管理从一种简单的实务行为上升为一门科学理论。在此后约 100 年中，管理学领域几乎是西方世界一统天下。以美国管理学者为代表的西方管理学界，创造了诸多管理学理论和方法，为管理学科做出了巨大贡献。这一贡献虽然功不可没，有其一定的历史合理性，但也存在诸多缺陷。因为管理除了有其科学属性，还具备文化属性。管理思想和行为不仅是一种科学，同时也是一种文化。在多元的世界文化体系中，不能只有一种声音。

管理的文化属性主要体现在两个方面。

第一，管理是一种文化的积累，任何一个国家或组织的管理理论和管理方式都非凭空产生，都有一个文化延续和发展的过程。当今的任何一种管理思想都有先前文化成果的积淀。

第二，现实组织中采用的任何管理方法或手段，无不受到该组织所赖以存在的社会文化环境影响，因而会留下深刻的社会文化烙印。任何组织都是社会的一个细胞，组织的生存、发展不能脱离社会大环境，再好的管理思想和方法，只有在适合它的社会和文化环境中，才能发挥有效作用。这也充分体现出管理活动和思想有其文化依存性。就这一点而言，任何管理活动都不能忽视文化的作用，不能忽视管理者及组织的文化差异性。

既然我们承认管理是一种文化，管理活动有其客观的文化依存性，管理的有效性要充分考虑管理者和被管理者及所在组织的社会文化情境，那么，我们就既要承认西方管理学思想有其重要的科学性和规范性，在企业发展过程中起着非常重要的作用，呈现出其独特魅力；同时也要认识到，东方社会和组织虽然表现形式不同，但也应当在实践中总结、概括和提炼出自己独特的管理思想。我们应当看到，长期以来，东方社会的企业管理中也一定存在一系列发挥着卓有成效作用的、独特的管理思想。

本丛书的撰写、出版正是基于这样一个目的。

2014 年秋，由复旦管理学奖励基金会联合上海第一财经传媒有限公司、复旦大学东方管理研究院，隆重启动了“改变世界：中国杰出企业家管理思想访谈录”项目。该项目计划用 5 年时间，访谈 50 位优秀的中国杰出企业家。这些企业家在中国改革开放大潮中，投身于社会主义市场经济的汪洋大海，奋力拼搏，砥砺前行，用自己的智慧、毅力和辛劳，为中国经济和社会发展做出了巨大贡献，同时也产生了丰富的管理思想。

在该项目的实施过程中，我们希望认真了解每一位杰出企业家精彩的管理实践，深入剖析其深邃的管理思想，系统总结其独树一帜的管理理论。该项目的主要成果有四个。一是将每一季访谈企业家的对话实录汇编成书，命名为《改变世界：中国杰出企业家管理思想精粹》，目前已经出版 6 本简体字版，并在中国台湾出版 2 本繁体字版，该书原汁原味地反映企业家的管理理念和思想。二是拍摄、制作并发行企业家电视系列专题片，通过第一财经电视频道及腾讯视频等媒体平台向全社会播出，截至 2021 年 12 月，已经播出 45 集。三是如今呈现在读者面前的“改变世界：中国杰出企业家研究系列丛书”。我们组建了由全国多所大学管理学教授、博士领衔的多支一对一研究团队。研究团队在访谈之前认真研读相关资料，撰写出企业大事记和对企业家详细的访谈提纲。同时，深入企业调研访谈，认真研读各项素材，并广泛搜集关于该企业的各种资料，在此基础上与团队合作，反复研究、提炼和聚焦企业最核心，同时又最具有东方特色的管理思想和智慧，数易其稿，提供给读者一份基于丰富实践和成功经验的具有东方特色管理思想的盛宴，为世界管理学贡献中国智慧。四是我们结合访谈研究，撰写了多篇管理学案例。

诚如生物需要有多样性一样，管理学的发展同样需要多视角的研究。只有打破西方管理学理论一统天下的局面，管理学才能获得健康发展。而经历40多年改革开放历程的中国企业，也迫切需要在契合中国企业实际的管理学理论引领下，以更加科学和实事求是的态度，认真思考和探讨东西方管理思想的融合，并有效指导企业的管理实践。

中国企业正以其日新月异的新姿态，昂首阔步走向世界经济舞台。愿我们的工作，为中国企业助力，为中国管理学发展助力。

教授　博士生导师　丛书主编

复旦大学东方管理研究院院长

中国企业管理研究会副会长

2021年冬　于复旦大学

前 言

领导力的有效性＝个人特质×绩效结果

——戴维·尤里奇

2018年6月，曾被巴菲特赞誉为“美国商界的象征”的通用电气（GE）最终还是被剔除出道琼斯工业平均指数，这也意味着道琼斯工业平均指数早期12只成分股中唯一还没有被踢出的GE公司，在该指数中长达111年的成分股历史终将结束。

GE的案例再次提示我们，如果你观察的时间足够长，现实中能够逃脱“成功者诅咒”的企业寥寥无几。或许正如《商业周刊》在多年前所说的，彼得斯和沃特曼在《追求卓越》一书中提到的企业有1/3几乎随着该书的出版而销声匿迹。我们分析、评价一个企业或企业家实际上总是不可避免戴着有色眼镜——从自己所谓的衡量标准出发，而这种标准往往因人而异，总是站在某一个历史阶段、某个角度去观察。因此，当我们接受姜建清管理思想提炼和总结的任务时，更多是忐忑而不是兴奋，因为姜建清执掌期间一直强调的是“金融业‘剩’者为王，金融家俱乐部尊重的是马拉松冠军”。

预测未来的最好方式就是创造未来。所以，我们认为即便戴着有色眼镜，我们的总结和提炼至少也能给管理的实践者提供某种启发。正如“创新沙皇”克莱顿·克里斯滕森教授指出的，“管理人员采取的每项行动及制订的每项计划，都基于记忆深处的某项理论或推论，这个理论或推论使他们期望自己所采取的行动能够产生预期的结果”。对于企业管理的实践者，成功的商业案例和管理者的思想仍然具有非常重要的指导和借鉴意义，只要他们能够在心里不断地提醒自己不要“过度自信”——过去正确的，未来未必依旧正确，应该“与时俱进”。而“与时俱进”正是姜建清重要的领导特质之一。

既然要分析姜建清的管理思想，我们首先必须要明确自己的研究视角和研究方法。密西根大学教授、“现代人力资源管理之父”戴维·尤里奇在《可持续领导力：卓越领导者知行合一的7项法则》一书中认为，领导者的确需要具备某些特质，但领导力也意味着要达成某个结果。领导者的个人特质和绩效结果缺一不可，正是两者之间的互动关系——个人特质是导致绩效结果的原因，而绩效结果是个人特质产生的结果，造就了真正的领导者（领导力的有效性 = 个人特质 × 绩效结果）。因而，我们在探究姜建清的管理思想时，正是基于这样一个公式。

生于1953年的姜建清，17岁汇入了上山下乡的洪流之中，在江西农村务农，后来又到河南一个煤矿工作了三年。1979年，姜建清正式进入银行业，边工作边学习，直至获得博士学位，历任中国工商银行上海市分行行长、中国工商银行行长、中国工商银行股份有限公司董事长、中国—中东欧金融控股有限公司董事长，兼任中国人民银行货币政策委员会委员、中国金融学会副会长、中国城市金融学会会长、上海交通大学教授和博士生导师、中欧国际工商学院下属陆家嘴国际金融研究院院长、教授。在其成长经历中，我们看到了姜建清超前思考、持续学习、与时俱进、拥抱变化、审慎稳健、变革创新等个人特质，以及银行现代化、信息化、国际化等经营管理思想。其在执掌中国工商银行期间所取得的绩效也是有目共睹的。姜建清带领中国工商银行顺利完成股份制改造、境内外同时上市，实现了从国有独立银行向股份制上市银行的转变，从国内银行向全球化银行的转变，从相对比较简单的以存放汇业务为主的银行向综合化、多元化的金融服务机构的转变，并且一跃成为全球领先大银行，一级资本、存款及总资产等多项指标的全球排名数年蝉联第一。当然，我们分析的着眼点是姜建清在此过程中的具体管理实践。

然而，我们也发现，姜建清的个人特质和工商银行组织绩效结果之间很难用戴维·尤里奇的简单数学公式来表示，而是存在着投资大师查理·芒格在《穷查理宝典》中所说的各种因素凑在一起创造的合奏效应或飞轮效应，而非某几个因素驱动的结果。客观上来讲，姜建清掌舵中国工商银行的 16 年间，我国改革开放和经济高速发展，为国有银行股改上市和治理结构的市场化改造营造了宽松而有利的外部环境，也为国有银行的国际化和全球化发展创造了机遇。这也正是姜建清在面对美国前财政部长保尔森的评价时，不以银行家自居，称自己只是银行的管理者的原因。

正如马可·奥勒留在《沉思录》中所说的，“所有你听见的都只是观点，不是事实；所有你看见的都只是视角，而不是真相。”本书试图全面挖掘姜建清的个人管理思想与其领导结果之间的相互关系，但这仅仅是我们的观点和视角，不代表事实和真相。

目 录

第一章
学习型企业家

2017年4月13日，姜建清从中国—中东欧基金临时租住的写字楼办公室的落地窗望出去，北京的天气多云尚有些雾霾，天空有点昏黄，阳光并没有那么刺眼。想想秘书刚刚进来告知下午复旦大学东方管理研究院院长苏勇教授访谈和录像的事宜都已经安排妥当，姜建清显得若有所思。一向行事低调的姜建清近一年来很少“抛头露面”，接受媒体采访也并不是自己乐于做的事情。但是，捱不过复旦管理学奖励基金会、上海第一财经传媒，以及复旦大学东方管理研究院多次诚挚的邀请，姜建清最终还是接受了这次访谈。毕竟，自己对于学校和学术研究活动一直都是大力支持和积极参与。同时，作为上海人，他也与这座城市有着不解的渊源。当然，还有一个更深层次的原因，自从2016年5月份卸任工商银行董事长一职后，关于自己的报道也不时出现在报纸杂志上，虽然他没有太在意，这次接受复旦的访谈，也算自己对各种报道的一次正面回应，对媒体称之为自己“下半场”的一次公开展望。

必须做到与时俱进

蔡元培在1910年年初撰写的《中国伦理学史》中，针对清朝末年中国思想文化界抱残守缺、故步自封的局面，通过中西文化对比，指出“故西洋学说则与时俱进”，并把散见于中国古书中的“与时偕行”“与时俱化”“与时俱新”等激励人的说法概括为“与时俱进”。然而，现代行为经济学的前景理论认为，让我们欢喜或痛苦的都是变化，而相对于获益而言，我们更怕的是损失，因而在面对不确定性未来的时候，要么“抱残守缺”，要么“过度自信”，缺乏拥抱变化的勇气，这也是大多数人很难做到“与时俱进”的重要原因之一。

姜建清的个人成长经历在很大程度上恰恰体现了“与时偕行”“与时俱化”“与时俱新”的“与时俱进”精神。“我于1969年从上海静安区的成都二中毕业”，虽然已经过去50年了，姜建清如今依然清楚地记得当时初中毕业时的情景，“当时正赶上上山下乡，我们都到了农村。其实，中国像我们同年龄的那一代年轻人都有着差不多的经历。”1970年，年仅17岁的姜建清加入上山下乡的洪流之中，被分配到江西省广昌县插队。“火车换汽车、汽车换汽车，我记得坐了好几天的车，一直到了深山老林，然后开始了农民的生活。那时的我在农村干了不少工作，先是当过教师，之后农业学大寨的时候，我在农业学大寨工作组工作了几年。后来，我哥大学毕业分配到河南一家煤矿工作，说有一个机会可以招工。当时我在江西农村，看不到什么机会，觉得将来很难养家糊口，刚好碰到这么个机会，就跑到河南变成了一个煤矿工人。”姜建清回忆道，“再之后，干了两年多，正好全国恢复高考，我从河南回到江西想参加高考，却正巧赶上同学们都准备回城，我也回到了上海。回到上海，当时正好赶上中国人民银行招收干部，我去考了，就考进去了，在南京路人民银行静安区办事处当会计，处理企业账务。工作一两年后，我又去读书了，在上海财经大学读书，毕业以后又考上了上海交大的研究生，之后一直在银行里工作。其实，我进入银行是非常偶然的机会，怎么也没想到自己最后会在银行工作。我当时对银行唯一的认知就是那时候银行有储蓄所，可以拿钱去储蓄。可是，当时我父母的那点钱生活都不够，家里根本没条件拿钱到银行去储蓄。这就是我对银行的第一感觉。但是到了银行工作以后，随着不断地学习和在银行里职务的不断提升，我慢慢地领会到'银行是现代经济的核心'这句话的深刻意义。"虽然姜建清的谈话中多次提及"正好"，然而，姜建清成长总是能够"与时俱进"。

对于企业的领导者而言，能否做到"与时俱进"则主要体现在面对复杂多变的外部环境，领导者是否能够不断改变思路，全面更新自己，而不是沉溺于过去的经验和辉煌之中。同时，在别人尚未觉察之前，领导者是否能够捕捉到外部环境变化的端倪，洞察先机，从而能够先发制人、顺应变化，继而实现变中求胜。那么，一个领导者如何能够洞彻先机且自我更新呢？除了需要开放的心态，更重要的是如饥似渴地广泛阅读，持续不断地学习——向客户学习、向竞争对手学习、向不同行业企业学习。上山下乡的特殊经历让姜建清除了具有某种不断向上的韧劲和毅力，也让他能够面对外部变化始终保持开放的心态，持续不断、如饥似渴地学习，进而做到主动出击，求胜于未知。1979 年，已经 26 岁的姜建清回到上海，开始进入银行系统工作。他一边工作，一边抓紧时间学习。1984 年，他从上海财经大学毕业，之后又在上海交通大学攻读硕士学位。1997 年，姜建清又获得上海交通大学管理学博士学位。1995 年，他在任工商银行上海分行副行长期间，还去美国哥伦比亚大学进修过一段时间。正是这段在美国白天学习和参观，晚上思考和总结的求学经历，让他对银行信息化方面有了更多的感悟。"我觉得银行在发展的过程中必须与时俱进。其实，从银行自身来看，银行的功能是在不断变化的，内涵和外延也不断在扩大，一步一步从传统支付中介到融资中介和信息中介。如今银行服务的范围越来越广，也是适应外界竞争的压力和市场需求、不断调整自己的结果。看看企业有什么需要，银行能够提供什么样的金融服务。”姜建清强调，“讲到科技，从近几十年来说，所有的金融创新背后都有科技的身影。工商银行实际上也是中国在金融科技领域走得最快的。20 世纪 80 年代的时候，上海工商银行最早使用微机，南京路一条街就开始拥有网点，还不是取款机，是联网的小型计算机。90 年代的时候从小型机慢慢走向中型机、大型机。到 90 年代末，开始了数据大集中，提出了数据库的概念。工商银行就是这样一步一步发展起来的。”

难能可贵的是，“作为从基层一步步走上来的领导，姜建清有着多年丰富的金融工作经验。同时，作为管理学博士、中国金融学会副会长，他又具有很高的理论素养，出版和发表了许多金融学术著作和文章”，中国人民大学商学院教授邓荣霖这样评价姜建清。姜建清最早发表的一篇文章写于 1984 年，刊于《上海金融研究》，主要探讨金融人才培养问题。此后发表的文章涉及商业银行经营管理、金融改革、货币政策等金融诸多领域。从 1984 年至今，姜建清除了出版《海外金融风潮评析》《金融风潮深思录》《美国银行业的科技革命》《金融高科技的发展及其深层影响研究》《商业银行国际化：环境与体制》《国际商业银行监管环境与体制》《走向国际：从跨国银行看中国银行业国际化》《银行转型与收益结构研究》《近代中国外商银行史》《银行足迹：亲历金融改革的思考》《世界金融百年沧桑记忆①》等著作外，还主持编修并出版了《近代中国银行业机构人名大辞典》《中国工商银行史》，并在《金融研究》《财经界》《财经》《银行家》《中国金融》《上海金融》《金融论坛》等经济金融类期刊上发表专业学术论文上百篇。如今的姜建清依旧笔耕不辍，《世界金融百年沧桑记忆②》《世界金融百年沧桑记忆③》分别在2019年、2020年出版。正是因为对银行业的经营管理、金融改革发展及中外金融史等有着深入、独到的研究，姜建清才能够以史为鉴、追本溯源，认真复盘不同金融企业的荣辱兴衰，把握能够引发银行业变化的内外部关键动因，进而在风云变幻的经济环境中既不焦躁激进，也不畏手畏脚，行稳致远。

不要忘记审慎、稳健

战略管理大师C.K.普瑞哈拉德曾说过，对于组织而言，领导力关乎希望、变革与未来。不管是“企业的企业家”，还是“企业家的企业”，企业家的才能，或者领导力，对于组织发展的重要性是毋庸置疑的。它能够激发员工的创造潜能和工作的热情，为员工的行动指明方向，促进员工齐心协力创造卓越的绩效。强大的领导力能够推动企业蒸蒸日上，而领导力水平低下则会使企业江河日下，直至走向破产清算。特别是知识经济的到来，全球资本流动带来的资本泛滥，使领导力成为判断一家公司未来的头号指标。未来领导人才的数量需求将越来越大，大多数企业不得不面对日趋严重的领导人才短缺的问题。全球最具影响力的实战型管理大师、CEO教练拉姆·查兰教授研究发现，真正能赢得未来的领导者都具备以下五项能力：时刻警觉和洞察变化、改变心态变中求胜、拓展思路面向未来、引领企业实现转型、驾驭组织灵活调整。在管理的具体实践中，领导者应该密切追踪那些不受陈规旧俗束缚、善于跨界整合、敢于开创先河的人；克服对当前核心竞争力的迷恋和对关键岗位落伍领导人的情感羁绊，勇于调整心态，主动出击，大力借助数字技术，真正聚焦客户体验；建立高效执行机制、关键决策机制，以及新老业务管理机制三大组织机制，灵活驾驭企业转型。

理论的抽象总结往往引发具体实践操作的困难性，在现实中，企业家不能忽略具体企业面临的环境复杂性和独特性，因而也涉及企业家个性与企业所处行业特征契合的问题。对于某一企业而言，什么样的领导力是否合适，除了参照上面的一般的标准外，还必须考虑这个企业所处的行业特征和发展趋势，以及企业未来预期的走向等因素。耶鲁大学陈志武教授指出，金融的核心是跨时间、跨空间的价值交换。金融业是一个经营和管理风险的行业，因而如何平衡组织的短期增长与长期发展成为领导者必须处理的两难问题，这也许说明了如果金融企业简单地模仿"专注、口碑、极致、快"这样的经营模式，最有可能导致的结果是"东施效颦"。

"我觉得对于所有的银行家来说，都应该坚持审慎、稳健的原则，这是银行职业的特殊要求。拿我们银行的资产负债表来说，除了比较少的资本，更多的是负债。大多数的时候资本占整个全部资产的比重是非常低的，大约占10%，国外有些银行甚至10%都不到，核心的一级资本大约也就是4%～6%。您的存款、大家的存款、企业的存款、政府机构的存款构成了我们的资金来源，在银行的资产负债表上称之为负债。我们利用这些钱发放贷款，实现了从储蓄到投资的转化，支持了国民经济的发展。但是，这些钱是谁的？是大家的、储户的。所以，银行履行的是信托的责任。大家把钱存在这里是相信你，你需要考虑把钱贷出去后，怎么按时归还大家的钱，这是一个非常朴素的道理。”姜建清说，“黑格尔说过，人类从历史上学到的唯一教训，就是人类无法从历史上学到教训。从十年来国际金融的变化来看，在风平浪静的时候，人们往往会忘记惊涛骇浪的时刻。此外，追求短暂的‘繁荣’往往导致繁荣的终结，自以为‘理性’和‘善意’的行为往往带来了相反的效果。只有保持清醒的头脑，居安思危，以史为鉴，莫蹈前辙，世界或可以防范或推迟新的金融危机的来临。商业银行要遵循商业银行的规律办事，作为商业银行的管理者，永远不能忘记审慎、稳健。”

然而，审慎、稳健并不是管理者无所作为、缩手缩脚、被动防守的借口。“银行在发展的过程中必须与时俱进”，在坚持审慎、稳健的同时，姜建清是一个主动出击、引领变革的企业管理者，“1995 年的时候，美国第一代互联网银行开始推出，当时叫第一安全证券银行，做完全虚拟的互联网银行。在美国那时候报纸天天报道，银行成为 21 世纪的‘恐龙’，马上要不行了，所以互联网金融家要打败砖头，这叫鼠标打败砖头。科技的发展推动了金融创新的发展，没有现代的科技，就没有现代的银行。但我不认为虚拟银行、线上银行能够完全取代实体的银行。当时不可能，今后同样是这样。怎么把鼠标和砖头结合，怎么把线上、线下结合，各自发挥它们的优势，优势能够互补、互相促进、互相协调发展，我觉得这是中国未来在金融和商业互联网发展中必然要寻找的一条路。所以，当时回来以后，我就提出要在上海搞电话银行中心，实际上那是全国真正意义上第一个 center（中心）。2000 年到总行以后，就成立电子银行部，推动工商银行网上银行发展。2000 年工商银行电子银行业务在所有业务之间的占比仅为 3%，而这个数字 2016 年是 92%。实际上，工商银行也是在中国金融科技领域走得最快的。”姜建清特别强调，“虽然工商银行素以稳健经营见长，却从来不乏变革的勇气。”

面对问题和挑战时，企业家与大多数人一样，很多人内心也充满了恐惧，他们也害怕出丑、犯错误，此时拓展思路面向未来，能够敢于另辟蹊径、主动出击，引领企业实现转型更非易事。2000 年 2 月，姜建清接替调任央行副行长的刘廷焕出任工商银行行长。彼时，包括工商银行在内的中国国有银行体系被市场广泛认为已陷入技术性破产。姜建清通过控制不良贷款增量，盘活不良贷款存量的方式，到 2005 年共解决了 2300 多亿元不良贷款。2017 年访谈时，姜建清谈到工商银行的上市，“上市的时候有太多的故事。实际上，国有银行上市并不简单地为了获取资本，重要的是通过这种机制、体制的改革，成为一个股份制上市公司，要受到来自各方，无论是投资者、分析师、媒体，甚至整个社会、整个国际对你的关注、评论、分析。这会给你形成外在压力，形成对你的约束机制。通过上市，公司建立董事会、股东大会、监事会，整个公司的治理、架构也会更加完善，所以这是非常好的一个事情”，姜建清回忆道，“但是，在改制的过程中，面临着许多挑战。一是尽管我们当时的呆账贷款、呆滞贷款、逾期贷款虽然在改制前处理掉不少，但是按照这三个指标统计的不良贷款率在上市前的 2003 年还有 19%，如果按照现在的五级分类标准的话，这个比例更高，大概还有 20% 多。在这样的情况下谁敢来投资？所以我们需要跟大家讲故事，但是讲故事不仅要诚恳地把所遇到的困难告诉别人，更要告诉大家我们的信心，要从以往几年我们的成长经历和不良贷款处理的情况来看未来，让他们看看我们这几年新增不良贷款的比例”，姜建清就是这样说服大家的，“你看，我们管得很好，所以我们相信，今后也会这样管理。如果把历史的问题处理好，不就是一家非常好的银行？二是要看发展。

中国这么大的金融市场，这么多的客户，这么多的存款增长，必然增强了未来发展的潜力，而且增加了利润，这一点不良贷款是容易处理的。”大概在2004年的时候，姜建清走访了国外40多个大的银行、保险公司、投资机构，但得到的回应很少。最终，工商银行与高盛集团、德国安联集团和美国运通公司签订了战略投资与合作协议。2006年10月27日，中国工商银行H股在中国香港联合交易所、A股在上海证券交易所同步挂牌上市。

领导者还要能够驾驭组织，使之能够根据外部环境的变化，实时进行自我调整，如人员安排、工作重点、决策权归属、预算及资金分配，以及关键业绩指标等。“从1993年之后，工商银行在新加坡设立办事处并变成分行，逐步在海外开设了分行。当然，在那个时候海外的分支机构总体规模还比较小，因为分行的业务开展也有些困难。当时中国工商银行在海外的知名度、影响力或者国际评价都不高，所以制约了中国的商业银行在海外的发展。但是，我们当时已经看到了，中国随着经济的发展，特别是加入了WTO以后，一定会融入全球化的进程。中国的企业也会逐步从采购全球化、销售全球化，逐步走向生产全球化、投资全球化。当走到后两步的时候，就需要中国的银行去配套和完善相关服务。”伴随着中国企业的国际化步伐，姜建清提出了工商银行“跟随客户”的国际化发展战略，而在具体的发展方式和时机把握上，则强调审时度势，从最初主要靠自主设立境外机构，随着自身的实力的不断壮大，逐渐调整为“自主申设与战略并购并举”，而在海外组织的管理上，则采用市场分类与一行一策差异化发展。“我们开始很重要的一次收购，是对中国香港友联银行的收购，在2000年完成的。这家银行原来是一家香港本地银行，后来被招商局收购。但是在亚洲金融危机以后，遇到了严重的资产质量问题。香港金融管理局非常重视，请求中国政府帮助香港解决金融风险问题，需要中国的商业银行能给这家银行提供担保，帮助它在香港通过发行债务来补充资金。在这样的情况下，工商银行给了担保，之后就顺利把这家银行收购了。这家银行当时收购的时候规模不大，两次收购用了大概五亿多美金。2016 年这家银行的利润就是 100 亿港币。”姜建清说，“之后我们开始从东南亚尝试，逐渐走向深水区，收购了美国银行、拉丁美洲银行、南非标准银行。并且，从银行开始走向非银行机构，收购了美国的证券清算机构，收购了英国商品公司。我们在海外收购的时候，并不期盼着毕其功于一役。我们大量收购中小型的银行，举例说就是三个指头拿田螺——十成九稳，不要小看牛刀杀鸡，牛刀杀鸡稳得很，这样购并风险比较小，容易通过管理提升价值尽快整合，最后把这些中小银行串成整体，而且没有太大的风险。”

只是一个银行管理者

“我感到非常幸运，因为我们能够生活在中国这样一场波澜壮阔的改革中。我经历了中国商业银行从国有专业银行到国有独立银行，再到股份制上市银行的转变；从一个相对比较简单的以存放汇业务为主的银行，变成综合化、多元化的金融服务机构；从国内的银行走向世界，成为全球化银行；从全球排列比较居后的银行，成为全球领先的银行，大家给我们的一个称号是‘宇宙行’；从一个被西方认为技术上已经破产的银行，转变成在全世界领先，为全世界许多同业所赞誉的一家银行"，姜建清说，"虽然我从业30多年，但也只不过是个银行管理者，从不敢自称是银行家。"姜建清在金融圈内口碑极佳，很多人认为他是中国少有的银行家，而姜建清却从不以此自居。"因为银行这个行业非常特殊，经营的绩效反映在当期，而风险则反映在之后，我觉得这是一个方面。另一个方面，按照一个周期来看，有时候银行在上行周期的时候，往往风险不容易暴露。而在下行周期的时候，风险就会集中爆发。所以，一个商业银行家要完整地经历一个经济周期，才能真正检验经营的效果。从这个意义上来说，做银行家是跑马拉松的。不能寄希望于一百米、一千米，甚至一万米的时候掌声响起来。"

中国国有银行的改革起步于1979年，而波澜壮阔的中国经济改革是国有银行改革的大背景和大基础。40多年来，随着我国经济的快速发展，作为现代经济的核心，金融机构也发生了翻天覆地的变化。特别是中国加入世界贸易组织之后，我国经济进入高速增长的黄金期，为国有银行的腾飞插上了翅膀。2005—2017年，五家大型商业银行年创利规模从1226亿元增长至9800亿元，增长了7倍，年均复合增长率达到18.7%；2005年以来，五家大型商业银行累积分红超过2.4万亿元，占同期累积实现净利润总额的29.8%，为国家和其他广大投资者带来了丰厚回报；2005—2017年，五家大型商业银行的手续费及佣金业务收入年均增速达到22.7%，高于同期净利息收入增速9.8个百分点，占比由7.9%左右提升至18%，实现了从单极支撑到多元驱动的转变；五家大型商业银行在境外共建立了1200多家机构，基本构建起覆盖六大洲和全球重要国际金融中心的境外网络布局，境外盈利贡献总体提高，实现了从本土经营到全球拓展的转变。同时，大型商业银行对国家对外开放战略的支持力度也明显提升，在"一带一路"沿线20多个国家共建立了160多家分支机构，为“一带一路”建设搭建起通畅的金融桥梁，实现了从仰望对手到全球领跑的转变。至2017年年末，五家大型商业银行的利润总量超越同期花旗集团、汇丰控股、美国银行、摩根大通、三菱日联、法国农业信贷、富国银行七行利润规模的总和。全球银行业权威杂志英国《银行家》公布的2017年全球银行1000强榜单，中国共有126家银行上榜，较2016年新增七家。在一级资本排名的前十大银行中，中国的银行和美国的银行各占四席。在税前利润20强里中国已经占据七家，工商银行、建设银行、中国银行、农业银行四家银行位居前五。40多年来，尤其是股份制改革的近20多年来，国有银行实现了凤凰涅槃。

也许因为没有经历过一个完整的经济周期，姜建清这样评价自己在工商银行掌舵的16年，“我只感到幸运，只是感恩我们的政府、商界，感谢团队员工给我这样的机会，就是感恩，我想我们也没有辜负大家对我们的期望。”据《21世纪经济报道》记者计算，2009年工商银行新增贷款额相比上年增长93%，而中国银行新增贷款相比上年增长119%。从2008年第四季度到2010年第二季度末，工商银行的新增贷款数额平均每季度比上年同期高20%，而中国银行则为33%，建设银行为24%。《华尔街日报》称，这显示工商银行在商业运作上努力保持了些许独立性。姜建清在2009年3月接受商业杂志《麦肯锡季刊》采访时说：“政府最近要提振国内需求的决定为银行业提供了巨大机会，但中国工商银行是一家商业银行，我们必须从商业角度看待这些机会。”美国前财政部长亨利·保尔森曾这样评价姜建清，与一些国有企业的高管不同，姜建清更像是一个纯粹的商业领袖。

在访谈中，我们曾经问过姜建清如何看待保尔森对自己的评价，姜建清这样回应道：“这你要采访他才知道。因为我们都是在一段时间内管理一家银行，当然，管理其他的企业也一样。我想我们所做的一切都应该按照社会主义市场经济的要求，按照商业银行的规律去经营我们的事业，我想这也是符合党中央和国务院对我们的要求。同时，我们处于全球经济金融急速变化的时代，面对经济步入新常态，经济周期、行业周期、科技周期三期叠加的特殊阶段，大型商业银行还面临一系列重大挑战，改革任重而道远。”

第二章

顺势而变的股份制改造

中国工商银行从1984年1月开始建立，先后经历了从专业银行到商业银行再到股份制银行转变的发展过程。为了建立适应市场经济的商业银行体系，1995年我国颁布了《中华人民共和国商业银行法》，正式明确了商业银行的性质和业务范围，对商业银行的设立、组织机构和规范管理做了正式规定，为商业银行提供了法律保障和管理依据。然而，由于产权不清晰，责、权、利关系不明，银行依然受到政府部门的行政干预，政府与银行的关系千丝万缕，银行的风险实质由国家来承担。

依据《中华人民共和国商业银行法》，中国工商银行建立实施统一法人体制，集中统一授权授信，对资金实施统一管理，开展经营综合考核。由于机构扩展快，人员迅速扩充，比照行政机关设置机构，机构较为臃肿，效率比较低下。商业银行的发展仍然依靠国家信用和金融行业垄断。地方政府依然通过行政力量影响商业银行的贷款，银行的不良贷款率高，不良资产包袱加重，贷款质量不高，信贷风险大。1994年年末，中国工商银行的不良贷款占全部贷款的比重为22.5%。从1994年到1999年，中国工商银行出现连续六年的经营性亏损。

1997年亚洲金融危机使我国认清了商业银行改革的重要性和迫切性。商业银行作为金融企业，需要政企分离，将所有权和经营权分离，才能真正成为市场竞争的主体。产权制度改革非常关键。2001年我国加入WTO，面临全面开放金融领域，允许外资金融机构进入国内金融市场经营人民币业务，国内外金融机构在金融市场领域的激烈竞争无可避免。可是，我国国有商业银行资本不充足，经营机制僵化，管理水平不高，盈利能力低，竞争力弱。2003 年 9 月，国务院成立国有独资商业银行股份制改革试点工作领导小组，决定对国有商业银行实施股份制改革。中共中央明确提出，“选择有条件的国有商业银行实行股份制改造，加快处置不良资产，充实资本金，创造条件上市”。自此，我国商业银行的股份制改革的序幕拉开，对商业银行的股份制改革和上市试点探索随之铺开。

确立股份制改造目标

姜建清视股份制改革为中国工商银行发展的必由之路，未雨绸缪，围绕着股份制改革做各种积极的准备。2002 年 1 月，任职中国工商银行行长近两年的姜建清在接受英国《银行家》杂志的记者采访时说：“股份制是我们的一个目标、一个方向。”同月，他在接受《中华工商时报》的记者采访时表示：“工商银行这几年的改革方向就是要把一家国有独资的商业银行逐步转变成一个股份制商业银行，或者具备条件以后，把它转变为一家上市银行。我们现在所做的一切都是为这个目标创造条件，以达到上市门槛的要求。”此时，中国工商银行按一级资本排序已上升到全球银行的第七位。姜建清清醒地认识到，中国工商银行在治理结构、资产质量、内控机制、市场化操作及管理水平等方面与西方发达国家的商业银行存在着明显的差距。他要通过股份制改造和上市把这些短板补上去。

对于中国工商银行股份制改革和上市，姜建清有着自己的思考和见解。只有对商业银行进行产权改革和股份制改造，实现股东多元化，才能使公司治理结构更加完善，为缩短与国际先进银行的差距奠定基础。2003年1月，姜建清在接受《财经》杂志记者采访时指出，“我们承认必须要进行产权改革，但这不是最后目标”“在产权改革的同时，要同步加强公司的内部治理”。

中国工商银行曾因“经营规模大、不良资产压力重”而没有被列入股份制改革试点的第一梯队。那时，要将“技术上已经破产的”中国工商银行改造上市面临很多技术难题。面对这个具有几万个分支行、几十万名员工的庞大体系，如何将中国工商银行改制上市，曾有过不同的争论。有人提出以省为单位对中国工商银行进行拆分上市。姜建清认为，如果拆分上市，“有些地区的银行就要破产，破产后谁来花钱解决，这些地区的经济发展怎么办？”这些都是不能回避的问题，“从国际经验上看，商业银行都是整体上市，没有从大银行中剥离一块优质资产先上市的先例。”姜建清对制定中国工商银行改制方案提出两个必须遵守的基本原则，“一是坚持严格按照《巴塞尔协议》新框架的国际标准和国内银行上市的规范要求创造上市条件；二是保持国有产权的控制权和整体上市。”尽管整体上市面临着重重困难，但姜建清为之毫不动摇。面对艰难的上市之路，他依然充满信心，“作为一个经营者，一定要争取所有者权益最大化”“真的改制上市时，一定要卖个好价钱。我相信工商银行上市会引起全世界投资者的注目——他们比我们更会算账”。现在，回过头看，克服短视，注重长远和全局，正是这种战略性的眼光将一位普通的管理者和一位优秀的银行家直接区分开的重要因素。

跨过不良资产这道坎

“降低不良贷款，消化财务包袱，增加净资产，提高资本充足率和风险拨备覆盖率”是中国工商银行改制上市的基本前提条件。不良资产是横亘在中国工商银行迈向上市阶段的第一道坎。1999 年，按照逾期贷款、呆账贷款和呆滞贷款的核算办法，中国工商银行的不良贷款占比是 34%，如果按贷款质量五级分类管理标准，不良贷款达 47.59%。然而，世界前 100 名的商业银行的不良资产率不到 3%。为了推动四大商业银行上市，国家分别成立了四家资产管理公司，对商业银行的不良资产进行剥离。据中国工商银行内部统计资料，扣除表内应收利息和“债转股”中的正常贷款因素，实际剥离不良贷款本金 2942 亿元。尽管如此，与实际高达一万多亿元的不良资产相比，所剥离的不良资产量根本不足以解决中国工商银行的不良资产问题，中国工商银行的不良资产数额依然庞大。

在姜建清的眼里，资产质量就好比银行的生命，他始终把质量效益放在经营活动的首位。姜建清组织全行开展了大规模的资产质量攻坚战，提出用五年时间打个资产质量翻身仗。为了实现这个目标，他抓住控制新增贷款质量、遏制存量贷款恶化和处置不良贷款三个关键环节。一方面，通过严格管理来控制新增不良贷款的出现；另一方面，设法提高盈利水平，通过增收创利，利用取得的经营效益对现有的不良资产进行化解。姜建清首先让员工改变陈旧的思想观念，让质量观念和风险意识深入每个人的头脑，避免人情贷款，改变随随便便和马马虎虎搞贷款的工作作风。他采取各种措施对不良资产进行有效压降，给每个机构、每个人压力，如果这些分支机构和管理者不能实现盈利的目标就得走人。

为了创造更多价值，中国工商银行对组织结构进行了调整，成立了个人金融业务部，专门为个人客户提供金融服务；成立了公司业务部，专门为企业客户提供金融服务；成立机构业务部，为证券机构、保险公司提供相关的金融服务。中国工商银行总部通过信息管理系统直接对二级分行的全部经营指标进行监管。姜建清还加强了产品创新和服务创新，通过项目贷款和融资，给企业提供重组改制服务，增大中间业务收入，并利用中国工商银行的网点规模优势，与其他金融机构开展交叉销售，增加银行收入。

为了提高资产质量，姜建清对信贷结构进行大规模的调整，使行业结构、区域结构、客户结构、大中小企业信贷结构、长期和短期信贷结构、生产性和消费性信贷结构更加均衡合理。中国工商银行修订了贷款评估条件，不再是只倾向服务规模大的企业，不论企业大小，不分所有制性质，重点考虑行业的发展前景和企业的未来成长性。通过对企业信贷结构调整，中国工商银行 50% 以上的客户都是中小企业。中国工商银行还将一部分贷款从生产领域投向消费领域，消费信贷有了较大的增加，把贷款投向基础设施建设、个人住房贷款等能够保障资金安全的领域。姜建清按照国际通行的会计准则强化财务管理、规范核算、控制成本，分机构、分客户、分品种进行成本核算。通过自行开发的信贷风险管理信息系统，对每个企业、每个机构和每笔贷款进行实时监控，确保每笔贷款都不出问题。姜建清用创造的经济效益去解决历史遗留的不良贷款和财务挂账问题。2001 年，中国工商银行提取呆账准备金 174.6 亿元，核销历年各种财务损失 106 亿元，这样，不良贷款余额和不良贷款率开始“双下降”，不良贷款余额下降了255.5亿元。2001年年末不良贷款率比年初下降了3.65个百分点。到2004年年末，不良资产余额净下降了2066亿元，工商银行的不良贷款率已降至18.99%，比1999年高峰时的47.59%下降了28.6个百分点。不良贷款率从1999年的1.1%降到了2001年的0.22%。

治理“常青藤”贷款

由于历史原因，国有商业银行都存在“常青藤”贷款问题。在由计划经济转向市场经济的体制改革过程中，我国对基本建设投资采取“拨改贷”的融资方式，国有企业的生产经营资金由财政拨款转为银行贷款，银行“统管”国有企业流动资金，形成“企业资金银行供给制”，企业依赖银行获得流动资金供应维系生产经营运转。在经济体制改革中，一些国有企业没有调整和改变经营机制，未能适应市场机制，因出现经营亏损而陷入困境，向银行的借款也无力归还本金。为了配合国家推进国有企业改革、维护社会稳定和促进经济增长，国有商业银行不得不为其办理“借新还旧”贷款，通过发放新贷款来归还旧贷款的方式，保证企业的流动资金周转，维系这些企业的生存和日常运转。国有企业背离市场需求造成的生产经营亏损，通过占压银行的贷款全部转嫁给了银行，国有企业的经营亏损全部成了银行贷款呆滞和损失。据统计，在2000年年末中国工商银行的两万多亿元的贷款中，借新还旧贷款就有10090亿元。中国工商银行长期肩负统管流动资金的职责，“常青藤”贷款规模最大、问题最多、潜在风险也最为严重。

治理“常青藤”贷款是解决不良资产问题的核心。姜建清将“常青藤”贷款视为“信贷资产持续劣变的出血点”。只有有效控制“常青藤”贷款的累积和劣变，同时确保新增贷款质量，不良资产问题就会迎刃而解。国有商业银行“常青藤”贷款与体制转型有关，也与银行自身的信贷风险管理体制和机制有关。姜建清对“常青藤”贷款实施了多手段、多层面和多角度的全面治理。首先，对“常青藤”贷款逐笔逐户进行分析，根据不同情况采取不同措施。其次，从信贷布局入手，扭转单一的流动资金贷款结构，分散信贷风险。综合国家的经济政策、产业政策、货币政策、信贷政策及自身的经营原则等因素考虑新增贷款的投向，重点投向基础设施项目和个人消费等领域，提高新增贷款质量。最后，对已有的“常青藤”贷款存量进行压缩和清除，避免它们不断劣变沉积，吞噬银行的利润。围绕“常青藤”贷款治理，姜建清在中国工商银行内部调整利益分配导向，发挥各部门的协同作用，严控信贷业务过程，提高信贷风险管理工作的有效性。到 2005 年年底，中国工商银行总共清收和处置了 9570 亿元的借新还旧贷款。2006 年 4 月，中国工商银行宣布取消企业流动资金贷款借新还旧，被长期困扰的“常青藤”贷款问题得到有效治理。“常青藤”贷款的成功治理，为中国工商银行的股改上市创造了有利的条件。解决复杂、艰难的“常青藤”贷款问题，体现了姜建清对银行现代管理的改革探索和管理创新精神，也充分展示了他高超的管理艺术。

完成财务重组

姜建清领导中国工商银行用市场化手段清收、消化了大量不良资产，同时用有效的管理手段控制新的不良资产产生，巨大的历史包袱被逐步消化，全行的资产质量取得了明显好转。国有商业银行走市场化道路，需要建立明晰的产权关系。2005 年 4 月，中国工商银行提交的股份制改革方案获得国家批准，中国工商银行开始进行财务重组。为了推进中国工商银行的上市速度，使核心资本充足率达到 6%，国家对中国工商银行进行了注资，中央汇金公司动用外汇储备向中国工商银行注入 150 亿美元的资本金，财政部保留原拨资本金 1240 亿元作为中国工商银行资本金。这样，中国工商银行的核心资本金达到了 2480 亿元。为了提高资本充足率，中国工商银行以组建承销团的方式成功发行了首期 350 亿元的次级债券。

姜建清说，在改制过程中，为了减少了重组改制成本，还对财务重组进行了创新，剥离了 2460 亿元损失类资产。具体的做法是，中国工商银行将 2460 亿元损失类资产出售给财政部，财政部通过分期付款的方式进行购买，会计处理上表现为工商银行对财政部的债权（应收款）；债务偿还的制度安排是双方共同建立“特别共管基金”账户，将财政部持有工商银行股份的分红、工商银行每年上缴所得税及不良资产处置回收的现金等，专项用于偿还财政部对工商银行的债务款项。结果，不到五年时间就偿还了全部 2460 亿元的债务。创建“特别共管基金”账户之举，为中国工商银行顺利完成财务重组和改制上市赢得了宝贵的时间。在资本重组的同时，中国工商银行在国家相关部门的配合下转让了4590亿元的可疑类贷款。就这样，中国工商银行最终顺利完成了财务重组工作。2005年10月，中国工商银行股份有限公司正式成立。无疑，中国工商银行为其他国有银行提供了一种可资借鉴的财务重组模式。

建立现代公司治理架构

国有商业银行进行股份制改革不仅要改变产权结构，打破国有独资的单一产权结构，而且要完善银行的公司治理机制，并改变现有的经营机制，要从经营理念、思想观念、管理架构和运转机制上做根本性的改变，这样才能完全融入市场经济。按照2015年的《G20/OECD公司治理原则》，公司治理是公司管理层、董事会、股东和其他利益相关者之间的一系列关系，实质是对这些关系的权利结构、职责分配及其相互制衡的一种制度安排和运作机制。公司都应以治理结构为基础设定公司目标，并确定实现这些目标的手段和绩效监控方式。公司治理结构影响银行的经营效率。银行建立良好的公司治理结构，拥有规范的决策机制和权力制衡机制，能够保证银行高层做出正确的决策，对管理层的行为进行有效的激励和必要的约束，使风险得到有效控制、资产质量得到改善。姜建清旨在通过推进股份制改造完善中国工商银行的法人治理结构。姜建清对商业银行的公司治理变革有着深刻的见解。他在一次演讲中指出，股份制改造和上市并不是最终目的，“通过构造科学的公司治理结构和打造良好的公司治理机制来建立良好的公司治理才是国有银行转型的逻辑起点与核心目标”“只有建立完善的公司治理架构，才能在健全风险管理的同时呈现卓越的竞争能力”。他把完善公司治理视为商业银行深化改革的核心和培育银行核心竞争力的关键及提高银行核心竞争力的基础工程。他认为，完善的公司治理是公司价值持续增长的保证，是决定银行走多快、行多远的根本因素，有效的公司治理机制应当是“决策科学、执行有力、监督有效和运行稳健”。公司治理要走出具有自己特色的道路。

按照现代金融企业的治理标准，中国工商银行建立了由股东大会、董事会、监事会和高级管理层组成的法人治理结构，实现“三会分设”“三权分离”。董事会的主要职责是银行战略决策和监督，高级管理层负责落实董事会的战略决策，监事会负责监督董事和高管履职、内部控制、财务和风险管理。姜建清视董事会为公司治理的核心，董事会从战略上决定银行的成败。中国工商银行在选任董事时充分考虑候选人的素质、能力、责任感和独立性，能否在政策理论水平、专业知识和实践经验方面形成互补。姜建清把民主决策和有效制衡理解为公司治理的本质要求。民主决策和有效制衡有助于领导者听取不同的看法和声音，从而避免重大决策的误判和独断专行。在姜建清的主导下，中国工商银行董事会在议事和决策过程中鼓励董事们畅所欲言，鼓励碰撞和交锋，追求“和而不同”，使重大决策事项能够得到充分讨论，确保决策科学。中国工商银行还建立了委员会制度，在董事会、总行和分行管理层分别设立风险委员会和资产负债管理委员会，对重要事项由委员会进行集体决策，从而使重大事项决策更具权威性、全面性和合理性。

姜建清认为，公司治理没有终点，而且不可复制。一家银行的治理模式不可能完全复制到另一家银行，每家银行的公司治理有其自身特点。银行需要不断优化公司治理机制，完善公司治理结构，不断提高公司治理水平。在上市后，中国工商银行率先制定了《董事候选人推荐与提名原则》《董事监事及高级管理人员持有及变动本公司股份管理办法》等治理规范文件，修订和完善了公司章程、授权方案等基本治理制度。姜建清认为，保护和提高股东的权利和权益是公司治理的基本要求。为此，中国工商银行在北京和中国香港两地同步连线召开股东大会，为了便于中小股东参与股东大会，特别提供网络投票方式。中国工商银行在股东大会议事规则中规定，选举董事和监事可以实行累积投票制，允许单独或者合计持股1%以上股东提名为独立董事候选人，从而保证中小股东享有同等决策参与权、建议权和质询权。

姜建清把社会责任看作公司治理的一个要素。银行的资金主要是负债性的存款，银行的存款人和债权人承担更大的经营风险。他认为，公司治理兼具协调股东、客户、员工和环境等利益相关者利益关系的功能，银行不仅要满足股东投资的需求，也要满足利益相关者的一定需求，才能使股东的利益得到有效保障。银行决定信贷投向要考虑对生态环境和实体经济的直接和间接影响，是否有助于促进社会生态文明建设。在业内，中国工商银行首倡绿色信贷管理机制，率先推出“绿色信贷标准”，在信贷审批中实施“环保一票否决制”，严格控制向高污染、高能耗和高排放行业投放信贷，增加循环经济、环保产业、新能源开发和节能减排技术创新的支持力度。中国工商银行环保合格的客户数量占全行客户数的98.6%，环保合格的客户贷款余额占全行贷款余额的99%。为了扶持中小企业发展，中国工商银行加大对中小企业融资的支持力度。中国工商银行积极响应国家政策和号召，加大对西部大开发、东北老工业振兴的信贷资源投入。

银行是一个经营风险的行业，资产结构具有高负债、高杠杆等特点。姜建清认为，良好的公司治理架构须有健全的风险管理体系和内审内控管理机制相匹配，银行应该要比其他性质的公司更重视风险管理。中国工商银行建立了风险管理体系，出台了风险偏好管理制度和风险限额管理制度，提出五大类共计 28 项定量、定性风险目标，设计了风险偏好指标体系，明确什么样的风险作为经营对象和可以承担的风险敞口。中国工商银行还制定了风险管理和内外部审核程序，为资产质量建立了一道防火墙，严控各类风险。中国工商银行按照统一的专业考核标准对风险管理制度执行和系统运行情况进行考核与检查。

对战略投资者引资与引智相结合

引进战略投资者，不仅使中国工商银行的股权结构多元化，公司治理机制更加完善，而且对中国工商银行的未来发展有着非常重要的意义。姜建清对战略投资者的选择考虑深远，将引资和引智相结合。2004 年，中国工商银行就开始启动了战略投资者的遴选和引进工作。姜建清高度重视战略投资者的引进工作，专门成立了战略引资工作小组。他要求战略投资者的遴选工作严格遵循四个基本原则。第一，应是国际上一流的金融集团，与中国工商银行“门当户对”；第二，符合中国工商银行的发展战略，能够形成优势互补；第三，在国内市场不会与中国工商银行产生利益和业务上的冲突；第四，有助于提升中国工商银行的公司治理水平。姜建清将遴选战略投资者看作“经营一场联姻”，既要做到互利互惠，能够给对方带来更多的利益和价值，又要双方共同努力维护和发展关系。中国工商银行战略引资工作小组与潜在的战略投资者进行了广泛的接触。经过深入沟通和多次谈判，最终选定了美国高盛公司、美国运通公司和德国安联集团作为中国工商银行的境外战略投资者。美国高盛公司在投资银行、金融产品设计方面全球领先，美国运通公司在信用卡和旅行支票方面享有良好声誉，德国安联集团作为全球第二大保险集团，资产管理业务闻名全球，在零售金融方面也具有丰富的经验。2006 年 1 月 27 日，中国工商银行与高盛投资团（包括高盛集团、安联集团及美国运通公司）成功签署了战略投资与合作协议。按照协议，高盛投资团将出资约 37.8 亿美元入股工商银行。6 月 19 日，中国工商银行又与全国社会保障基金理事会成功签署了战略投资与合作协议。中国工商银行成功引进战略投资者，为其公开发行上市奠定了坚实的基础。

开创 A+H 股同步发行先河

姜建清领导中国工商银行完成股份制改造后，立即着手准备上市。中国工商银行对上市的地点做了深入而全面的分析和研究。在姜建清眼里，最重要的工作是让投资者认识到中国工商银行的价值。经过多方接触和考虑，中国工商银行最终决定在中国的上海、香港两地同步上市，率先尝试 A+H 股同步发行。此后，中国工商银行为 IPO（首次公开募股）做了大量的前期准备工作。2016 年 9 月，中国工商银行管理层兵分三路，分别在境内外进行预路演和路演活动。姜建清作为董事长，亲自率队前往美国进行路演，与国外投资者进行沟通。境外投资者对中国工商银行的股份表现了浓厚的兴趣。2006 年 10 月 27 日，中国工商银行在中国的香港和上海两地成功上市，开创了 A 股和 H 股统一定价、同时发行和同日上市的历史先河。中国工商银行成功发行上市，共筹集资金近 220 亿美元，成为全球有史以来筹资规模最大的一次股票发行。

上市后实施战略转型

姜建清认为，国有商业银行的改革永远在路上，股改上市不是终点，而是起点。股份制改造且上市为实现中国工商银行由大变强、由本土银行向国际银行的战略转变奠定了良好基础。姜建清看到，国际化和综合化经营是国际银行业的发展趋势。他抓住上市契机，积极推进转型发展战略，从根本上转变经营机制，优化调整中国工商银行的经营结构和模式，积极推行综合化经营和国际化战略，力图对中国工商银行的发展方式、经营模式做根本性改变，借此打造具有国际竞争力的现代商业银行。在姜建清看来，银行的发展没有所谓最好的模式，只有最适合自己的发展模式。他率领团队制订了 2006—2008 年三年发展战略规划，其核心就是转变发展方式，推进经营转型。发展方式向多元化、综合化转变，经营模式向以质量效益为主的集约经营模式转变。

我国商业银行的传统经营模式是通过吸收居民储蓄再进行贷款，依靠存贷利差取得盈利。改革开放后，我国经济迅速发展，我国居民的收入和财富随之增长，老百姓对投资渠道的需求也趋向多样化。姜建清指出，面对我国社会流动性资金相对过剩，银行不能大量增加贷款，大量资金又找不到出口，我国银行体系存在潜在的结构性风险，迫切需要进行经营结构转型。对商业银行而言，资产管理业务是未来发展的重要方向。姜建清把各类资产管理业务作为新的利润增长点，抓住资本市场繁荣发展带来的机遇，积极实施战略转型。中国工商银行大力拓展理财业务市场和交叉融合业务，稳步实现资产业务的多元化，整合优化中间业务产品结构，促进中间业务收入增长，向提供全面金融服务转变。各类资产管理业务、理财产品、私人银行和投资银行都成了新的利润增长点，中间业务和新兴业务日益成为中国工商银行的主要收益来源。2007年，中国工商银行销售理财产品超过1.2万亿元。2008年，非存贷利差收入占总收入的56%。

国际化经营是中国工商银行上市后的又一重要战略。姜建清是一位具有国际视野的银行领导者。我国“走出去”到国外投资建厂的企业越来越多，它们需要中国的银行跟随并提供相应的金融服务。为“走出去”的企业客户提供“贴身”的金融服务成为中国工商银行推行国际化战略的契机。国际化经营有助于分散战略风险，同时，新兴市场国家的存贷款符合增长率高、金融业务成长性好，也为银行扩张提供了很多新的增长机会。姜建清审时度势，采取跨国并购和在国外增设分支机构并举的策略，加快中国工商银行国际化的步伐。上市后，中国工商银行开展了一系列的境外并购，先后完成了非洲最大的商业银行南非标准银行20%的股份、印度尼西亚Halim银行90%的股份等国际收购，同时，在纽约、悉尼、莫斯科、迪拜、多哈等国外城市新设了分支机构，国际化发展取得了明显的突破，为国内其他商业银行拓展国外市场提供了成功的范例。

把银行做“优”做“强”

成功上市后，中国工商银行的投资者来自国内外，股价变化和股本回报备受投资者关注，股东价值最大化成了姜建清的经营理念。姜建清掌舵这艘银行航母，既谨慎、稳健，又勇于创造、敢于超越，当攀登了一座高峰，他又向着下一座高峰进发。姜建清曾说：“如果在这个岗位上，让中国工商银行成为世界上最大、最优、最强的商业银行，我觉得这一生就没有白过。”在他眼里，从规模上把商业银行做“大”是远远不够的，重要的是还要将其做成非常“优”、非常“强”的银行。2008年，他在接受*The Asset*记者采访时表示，希望能将中国工商银行发展成为“最优秀、最具盈利能力和最受尊重的国际一流银行”。

伴随着中国经济快速发展并融入全球经济一体化的潮流，我国金融行业也成为全球金融业的重要组成部分，我国银行业从单纯的国内服务向全球金融服务转变。中国工商银行上市后，公司治理结构、资产质量和经营绩效得到显著改善。姜建清作为中国工商银行的掌舵者，始终关注全球银行业的变革态势。他在2007年1月北京德意志银行“中国概念”投资者论坛发表演讲中提出，在中国经济快速成长、信息技术突飞猛进地发展和居民金融服务需求快速多元化的大背景下，中国银行业正处于全面变革和快速发展的关键性阶段，我们的根本目标和任务就是要在变革中创建国际一流的商业银行。

如何把银行做“优”做“强”，创建一流银行？对此，姜建清有着非常清晰的思路，他领导中国工商银行制定并实施了新的发展战略。首先，启动第一零售银行战略，利用17000多家的银行网点，根据客户需求设计理财方案和投资计划，为客户提供资产管理、理财顾问等多样化的产品，全力打造多元化发展的综合化零售银行，全面确立零售业务市场的优势地位。其次，实施了稳健的信贷业务发展战略，以规避经济周期波动可能带来的金融风险。再次，抓住成长性最快的资金业务和中间业务，实施跨越式发展战略，实现业务收入的快速增长。另外，实施综合化和国际化的经营战略，由本土经营向全球化经营转变。中国工商银行建立全球化服务网络，覆盖我国主要经贸往来地区和主要国际金融中心。最后，实施科技创新战略，利用信息技术改进管理系统，对业务流程、管理体制和服务模式进行创新，提升核心竞争力，保持科技领先优势。2007年7月，按照市值总排位，中国工商银行取代美国花旗银行，成为全球市值最大的上市银行。2007年，中国工商银行的拨备覆盖率升到81.25%，实现净利润820亿元，是2006年的1.6倍多。2008年，中国工商银行荣获英国《银行家》杂志“亚洲最佳银行”奖、《欧洲货币》杂志“中国最佳银行”奖。

第三章
渐进式的管理变革

我国商业银行是在改革开放和发展市场经济的过程中建立和发展起来的。1993年12月25日，《国务院关于金融体制改革的决定》决定改革现行金融体制，提出建立政策性金融与商业性金融分离，以国有商业银行为主体、多种金融机构并存的金融组织体系，要把国家专业银行办成真正的国有商业银行。也就是说，中国工商银行、中国农业银行、中国银行和中国人民建设银行等专业银行都转变为国有商业银行，成为自主经营、自担风险、自负盈亏、自我约束的经营主体。1994年，我国成立了三家政策性银行，使政策性金融业务与商业性金融业务分离。1995年，我国颁布了《中华人民共和国商业银行法》，正式明确了中国工商银行等专业银行的"国有独资商业银行"的法律地位，国有商业银行开始由行政化向商业化和市场化迈进。

借用大禹治水模式去坏账

1999年，姜建清担任中国工商银行副行长，分管不良资产、风险控制和信贷业务。当时面临的一个巨大挑战就是解决巨大的不良贷款和居高不下的不良资产比率。我国财政部将贷款划分为正常、逾期、呆滞、呆账四种类型，后三种均为不良贷款。按照这一标准核算，中国工商银行出现的呆账、呆滞及逾期未还的不良贷款比率为 34%。对银行来说，呆账就是坏账，是一种应该收回却无法收回的应收账款。呆滞和逾期未还的贷款被收回的可能性极低。中国人民银行按照巴塞尔协议要求，制定了《贷款分类指导原则》，按照风险程度将商业银行的贷款划分为正常、关注、次级、可疑、损失五类，后三类均为不良贷款。按照《贷款分类指导原则》的五级分类标准核算，中国工商银行的不良贷款高达 47.5%。不良贷款就是坏账，是套在银行脖子上的一根绳索。严重程度的坏账将紧紧勒住银行的脖子，使银行窒息死亡。当时，我国政府部门已经充分意识到银行巨额不良资产所带来的严重后果。它不只影响银行的日常运营，降低资本充足率，更可怕的是会引发金融危机和社会危机，对我国社会经济发展和改革开放事业造成巨大的危害。

就银行业而言，商业银行存在不良贷款，出现不良资产，是银行在经营过程中难以避免的一种现象。但是，当不良资产比率超过一定指标，说明银行经营出现了较大问题。姜建清把资产质量低视为“影响商业银行改革发展的最大障碍”。可以说，不良资产比率过高对银行是一个致命的问题。

姜建清是一位从基层岗位成长起来的优秀管理者，熟知中国工商银行的巨大不良贷款的问题所在，也非常清楚当时所面对的严峻形势。当时，我国金融体制处于变革中，国有企业体制机制的改革还没有退出，改革需要进一步深入，国有企业的经营状况还没有完全好转，随着国有企业改革的不断深化，一些隐性的风险和矛盾将逐步暴露出来，这势必影响到存量贷款的质量。解决了旧的不良资产问题，新的不良贷款又会产生。如何避免没完没了的恶性循环呢？姜建清先是管制不良贷款增量，即严格控制新增不良贷款的产生。他对信贷部的总经理下死命令，“新增不良贷款率不能超过2%”，每一笔不良贷款都要加上标识，并且实施严格的问责制，只要超过2%就找信贷部的总经理问责，对当事人做严肃处理。为了控制新增不良贷款，姜建清设立了许多细化的指标，如新增消费信贷不能超过新增贷款的0.5%，在住房信贷方面，开发商贷款与个人住房贷款的比例控制在1∶4。他提出，“对行长、主管信贷的副行长、信贷部门负责人和信贷员进行严格考核”“新增消费信贷超过新增贷款的0.6%就发出警告书，限期三个月解决，到了1%就出黄牌暂停业务进行整顿”“对1999年以后的新增贷款不良率高于考核目标的，尤其是对未认真履行职责或违规操作造成贷款风险甚至本息损失的，从严追究有关人员的责任”。这些举措给信贷部门的管理者和员工带来巨大压力。姜建清在接受采访时说，“当时新增（不良）贷款在之前远远不止2%，大家觉得真的很难有信心。但这招真的用了霹雳手段，一定要达到”“坚决不能超”“任何人不能越一尺一步”。非常时期采用非常办法，简单而有效。中国工商银行的新增不良贷款，连续七八年，年年统计都没有超过2%。姜建清通过限定不良贷款新增的指标，制定严格的信贷责任制，加大信贷考核力度，有效控制了新增不良贷款率。

姜建清一方面控制新增不良贷款，另一方面借用大禹治水的模式去除已有坏账，为此采取了三步策略。

第一步，疏导。将资金投向风险低且回报稳定的国家基础设施建设项目和个人住房贷款项目。姜建清认为，信贷大量出问题跟信贷投向直接关联，更重要的是抓住既支持国民经济发展又能保证信贷资金安全的信贷投向。他在当时提出，“在贷款地区的投向上，将贷款优先分配给新增贷款质量高、收息率高、信贷市场潜力大的地区，而对那些近两年新增贷款出现问题较多的地区则少分配或者不分配”“在贷款的行业指导上，根据国家产业政策和市场状况切实搞好调查论证，继续发布行业信贷指导意见，在冶金、石油和石化行业进行行业最高综合授信试点，进一步发挥信贷投放的行业指导作用”。经过研究，最后确定了几大板块，把国家基础设施建设的信贷作为一个新的领域，把个人住房贷款作为一个新的增长点，并且支持新产业、新技术和高新技术企业。中国工商银行对国家基础设施建设增加了万亿元以上的信贷，而且资产质量都非常好。同时，加大住房按揭贷款的业务量，完善管理措施，对每个住房按揭贷款项目进行科学管理，使每个项目的贷款质量都得到有效控制。这样，中国工商银行的贷款有了明确的投向，信贷资金的安全得到有效保障。

第二步，清淤，对不良贷款用银行盈利进行冲掉。姜建清在接受采访时说，“通过管理，新增贷款数量好转，银行盈利开始增加。我们把大部分的盈利都用去做小不良贷款”。拿 2001 年来说，中国工商银行实现 350 亿元的净利润，拿出 295 亿元用于解决不良资产和财务包袱，实际反映在账面上的盈利是 55 亿元。在 1999 年国家剥离部分不良资产之后，10 多年的时间里中国工商银行用盈利冲掉了 2300 多亿元的不良贷款。

第三步，堵漏，从制度上堵住漏洞。对一个大银行来说，制度是银行管理的基本手段，也是银行有效运转的基础。姜建清认为，产生了这么多的不良资产，固然有客观的原因，但是也跟银行内部的管理薄弱、内控存在瑕疵、信息化手段不足有非常大关系，至少有 1/3 的关系。姜建清将不良资产的一个重要原因归于银行内部的管理不善。只有堵住制度的疏漏，才能从根本上解决不良资产问题。

姜建清完善了内部流程，建立了贷款审查委员会制度。贷款审查委员会商定贷款标准。每一笔贷款都要经过严格审批。贷款要经过各省、市一级的贷款审查委员会集体讨论，由委员进行无记名投票。根据无记名投票结果决定是否给予放贷。如果投票结果不通过，即使中国工商银行行长和董事长也都无权否定他们不同意给予贷款的结论。但是，中国工商银行行长有权否定同意给予贷款的结论。这样，以往的人情贷款、领导随意决定贷款、贷款审查走过场、贷款工作马虎等现象都得到了解决。通过集体参与决策和分权决策，贷款风险得到了有效控制。姜建清对信贷采取严格的监控和管理措施。凡是贷款余额在 1000 万元以上的企业客户，都由总行和一级分行实施按户监测，随时掌握贷款的质量和信息。对贷款客户的信用等级评定实行严格、统一的标准，严格执行授权授信规定，确保新增贷款的质量。通过制定标准化的贷款管理手册规范贷款管理行为。对信贷资产质量实行定期报告制度，每年对贷款质量开展一次检查和稽核。

对分支机构管理实施变革

姜建清曾撰文梳理和分析我国商业银行分支机构的管理问题，借鉴国际先进银行管理经验，努力缩短中国工商银行与国际大银行的差距。我国商业银行对分支机构管理经历了从高度集权的大一统管理、放权让利到实施法人授权分级管理的改革过程。在法人授权分级管理模式下，商业银行总行采用法人授权方式，授予一级分行和直属分行贷款、拆借、担保和资金营运等八个方面的业务经营管理权，二级分行获得一级分行授权，各级分行在授权范围内开展业务、从事经营活动，民事责任则由总行承担。如果分支机构要超过权限开展经营活动，必须上报审批，征得总行同意。这种模式给予了分支机构一定的经营自主权，兼顾了总行与分行之间的利益关系，但是造成授权层次过多、风险承担和风险控制力不匹配等问题。

商业银行的管理层次太多，从省分行、地市一级的分行、县一级的分行到储蓄所、分理处，管理链条过长，存在五个层次授权，法人效力明显递减，工作效率和经营效率受到制约，上令下达容易出现信息衰减；层层转授权容易形成上下级机构间的利益多头现象，内部控制鞭长莫及，"违规现象和事故案件"较难避免。姜建清认为，实现管理扁平化是解决这一问题的有效手段。他提出了"下管一级、监控两级"的管理模式，即总行除了对一级分行进行监管，同时强化对二级分行的直接监控，一级分行除了对二级分行监管，同时强化对县级支行的直接监控，二级分行除了对县级支行监管，同时强化对分理处和储蓄所的直接监控。通过"下管一级、监控两级"的机制可以将集权和分权相结合，较好地实现管理目标。中国工商银行总行直接通过计算机系统监管二级分行的所有指标，一旦发现经营出现异常，立即发出黄牌警告，要求暂停业务，限期整顿，对问题较严重的分行直接给红牌。

为了提高管理效率，取得经营管理效益，姜建清对中国工商银行进行大刀阔斧的机构改革。他认为，市场不可能容许长期亏损、扭亏无望、管理混乱和质量低下的分支机构。为了不至于让市场淘汰银行，银行应先对这样的分支机构及其管理者进行淘汰。姜建清对全行开展严格的经营考评，既考核分支机构，也考核机构的管理者。要求经营状况很差的机构限期盈利，否则就撤掉。姜建清要求省一级分行立下军令状：五年内必须盈利。他说："你要干坏事，就让你走；你要干不好，也让你走。"如果商业银行长期亏损，必然会被竞争者吞并、被市场淘汰。

用信息技术提升银行管理

姜建清就科技对银行业的影响有着高度的敏感性和前瞻性，他深刻认识到先进的科技手段对银行管理的影响。他说："没有现代化的银行科技，就没有现代化的商业银行。"姜建清曾在《美国银行业的科技革命》一书中写道："信息技术正向人类社会各个领域进行着广泛的渗透，其结果深刻地改变了每一个人的生存方式与价值观念，包括改变人们的消费习惯、储蓄方式、投资偏好及经济与金融理论，由此而引起的一场社会资金流量、流向和结构的巨大变革，给人类经济和金融活动带来了已知或未知的重大变化。"他不仅在理论上进行探索，而且将自己的思考付诸实践，用现代信息技术对中国工商银行进行改造。中国工商银行在全国有 3 万多个网点。20 世纪 80 年代，银行依靠手工记账，每人每天只能处理 500~600 笔业务，工作效率低、成本高，而依靠大型计算机，每天可以处理 3000 多万笔业务。姜建清认为，要实现中国工商银行这样一个大型银行的业务处理和经营管理的现代化，必须实现银行的电子化。2000 年，姜建清推动中国工商银行网上银行的发展，成立了电子银行部。中国工商银行的三万多个对公和储蓄业务网点全部实现电子化，配备了 10767 台 ATM 机和 66000 台 POS 机，分别占全国 ATM 机和 POS 机总量的 27% 和 20%，所有业务都集中到 36 个计算中心进行处理，在全国推出了统一号码为“95588”的电话银行，13个大中型电话银行中心投入使用，在12个省、市分行率先开通手机银行业务，在31个分行开展了网上银行对公业务和B2B的网上支付业务。中国工商银行将信息技术融入银行管理，实现业务操作自动化、信息处理网络化和经营管理信息化。

姜建清把2001年作为中国工商银行科技攻关的关键年。2001年，在姜建清的领导下，中国工商银行完成了各分行计算机中心的合并工程，建立一个统一的数据处理中心，在全行全面推广建立了新一代的先进综合业务系统，实现了全网的有机连接。中国工商银行建立了全行的法人数据库和个人客户数据库。对工商银行的网络进行了提升改造，对全行一级主干网和二级主干网进行扩充改造，实现与地面帧中继网的自动化切换。这样，中国工商银行能够为全国许多著名大企业提供企业银行业务，提供企业系统内的资金统筹和结算服务，为中小银行代理汇票业务等清算业务。姜建清充分运用高科技手段使中国工商银行的电子化服务水平在国内各商业银行中一直处于领先地位。科技改造为中国工商银行插上了飞翔的翅膀，为业务拓展提供了有力的技术支撑。2000年，中国工商银行电子银行业务仅占总业务的3%，2016年，已经占总业务的92%。

姜建清把信息技术视为提升银行管理水平的重要手段。中国工商银行在国内率先建立了信贷综合管理系统和内部电子资金交易市场。所有法人贷款客户的相关信息和数据全部进入信贷综合管理系统，实现全行信贷经营的实时监控管理。中国工商银行也较早建立企业内部网和公文传输系统，全行的各种信息每天都通过内部网上传下达。姜建清并不满足于银行信息化在国内的领先地位，他高度关注信息化建设中的瓶颈制约及与西方国家银行信息化发展的差距。他领导中国工商银行运用现代信息技术对传统业务流程进行再造，建立全行统一的业务应用平台，实现全行跨区域业务网络化实施处理，彻底改变了各分行业务系统分散、不统一的状况，实现全行各项业务的一体化营销。

姜建清非常重视科技对推动银行业务创新的重要作用。他说，所有的金融创新背后都有科技的身影，科技的发展推动金融创新向前发展。他提出，银行把鼠标和砖头结合，把线上和线下结合，发挥它们各自的优势，优势互补，互相促进、互相协调发展，是中国未来在金融和商业互联网发展中必然要走的一条路。姜建清预见，银行未来的业务发展是“人脑＋电脑”的集合体，是“技术＋智力”的产品组合。早在2000年，中国工商银行建立了以网上银行为主体的电子银行体系，北京市、上海市、浙江省等分行在国内率先开通了B2C在线支付、网上外汇买卖、网上银证转账、网上保险等网上银行业务。2015年，中国工商银行推出了融e购、融e联、融e行三大平台，涵盖和贯通金融服务、电子商务和社交生活。其中，融e购作为电商平台涵盖B2C、B2B和B2G（集团采购）等业务领域；融e联作为即时通信平台包括了银行与客户、银行与企业、银行内部实时沟通等活动；融e行作为网上业务直销平台实行了业务、客户、平台的全面开放。中国工商银行构建了作为信贷标准化和互联网化运营平台的网络融资中心，实现了风险可控的批量信贷，为客户提供“无地域、无时差、一键即贷”的信贷服务。“三大平台”和“一个中心”既是中国工商银行将互联网技术与银行业务有机结合的创新，也为后续推出的一系列银行创新产品如“工银启明星”科技贷款、个人自助质押贷款等奠定了基础。中国工商银行通过互联网技术和银行业务的融合引领着互联网银行的创新和发展。

从数据仓库到大数据管理

近几年，大数据开始引起很多管理者的高度重视，大数据管理思想逐渐进入人们的视线。早在2000年，姜建清就认识到数据对银行管理的重要性。银行在业务处理过程中产生了大量的信息，如账户信息、票据信息、贷款信息、不良信用记录、行业信息等。银行作为信息搜集和处理的部门，拥有天然的信息优势。银行拥有的信息和数据是银行的另一种资产。姜建清在《加速银行数据仓库建设》一文中提出，如果银行不对这些信息进行收集、储存、挖掘、分析和利用，很容易丧失业务机遇，银行风险管理也可能失控。姜建清认为，银行的竞争优势在于提供个性化的服务，只有通过大量的信息分析，找出客户的消费行为和规律，预测客户的个性化需求，才能更好地满足客户现在和未来的需要，提供更加符合客户需要的产品和服务。

姜建清认为建立数据仓库是银行经营管理的内在需要，数据仓库技术是提高银行资产质量和风险防范能力的重要工具。我国银行在传统上已经形成信贷分散决策的现象。有些基层行往往为了自身的利益想方设法占用信贷资源，开展信贷活动。姜建清认为，基层行做出的自认为最好的信贷决策，对总行来说并非最优，甚至可能是劣质决策。基层行欠缺对全局信息的掌握，容易产生行业整体风险。应用数据仓库技术，可以从宏观和微观两个层面把握信贷客户的状况，对全行的资产进行综合管理，确保信贷决策的优化，有效控制信贷风险。

姜建清率先在国内建立数据仓库，将大数据管理思想付诸银行的管理实践。2000 年，中国工商银行在上海挂牌成立了数据中心，为全行提供 365 天、全天 24 小时的数据服务和技术支持。数据中心运用数据挖掘和信息加工技术，将全行分散的业务数据和管理信息进行集中处理，从大量的零散信息中找出信息之间的有机联系，提炼出有价值的信息，为总行和分行的经营决策提供信息支持，从而减少决策的盲目性，提高决策的科学性。中国工商银行利用数据仓库技术，根据管理需要，将各分行划分成不同层次的利润中心和成本中心，对二级分行的经营状况进行直接监测，加强了控制的严密性和精确度。中国工商银行应用数据挖掘技术，分析和提炼客户的金融行为规律，对客户的贡献价值大小进行科学识别，确定最有效的目标市场，对关联企业的信贷风险进行有效控制，既有效防范了经营风险，又实现了信贷资源的优化配置，提高了金融服务质量。

中国工商银行通过建立数据仓库改变了以手工处理业务为中心的传统经营管理模式，建立了以客户为中心的现代经营管理模式。在建立数据仓库后，中国工商银行的信息资源全部集中起来，实现了最大程度的资源共享。中国工商银行的高层领导和管理层在早上上班时打开电脑就能看到前一天的经营数据，对每个产品、每个部门和每个分支机构的经营状况了如指掌，对出现的各种经营管理问题做出快速反应。业务部门通过数据仓库对每个客户都有深入和全面的了解，既能从中发现客户的个性化需求，也能识别存在的风险。数据仓库的建立为中国工商银行建立统一的授信中心奠定了基础，实现了对授信的集中控制，解决了层层授权和层层授信的授权链过长的问题，实现了管理的扁平化，提升了授信的工作效率。中国工商银行对工银商友俱乐部平台进行数据分析，通过商友客户的信息流和资金流数据，提取资产稳定性和未来潜在风险预测因子，筛选出潜力较大的小微企业进行主动授信，既锁定了优质目标客户，又降低了潜在风险客户的占比。

随着数据量的快速增长，中国工商银行对数据仓库不断进行升级和改进，逐步推进大数据管理。2007 年，中国工商银行启动了企业级数据体系的建设，对全行统一的管理数据进行大集中。2010 年，中国工商银行以数据仓库为基础，建立了 MOVA 管理会计系统和全行绩效考核的管理系统。2013 年，中国工商银行引进 Hadoop 技术，针对非结构数据启动了信息库建设。中国工商银行通过数据仓库和信息库的建设，培养了一支超过 2000 人的数据分析师队伍，对巨量的数据进行业务分析和处理，为管理决策提供了有力的支撑。

构建科学的风险防控体系

金融业是一个高风险行业，商业银行是经营风险的机构，风险与银行的经营活动形影不离、时刻相伴。风险管理事关银行的兴衰成败，可以说，对风险的管控能力决定银行能够走多远。国外商业银行由于内部管理不善和经营风险等因素陷入困境以致破产的例子不胜枚举。法国三大商业银行之一的里昂信贷银行由于经营管理不善造成巨额亏损，濒临倒闭，法国政府在 1994 年和 1995 年分别抛出两次拯救计划。1995 年，具有 200 多年历史且负有盛名的英国巴林银行因新加坡分行交易员尼克·里森违规进行金融期货交易，造成 9.16 亿英镑的亏损，不得不宣布破产倒闭。2008 年，在美国次贷危机的冲击下，具有 100 多年历史的美国投资银行雷曼兄弟公司由于持有巨量的房产抵押债券在短时间内价值暴跌，出现巨额亏损，被迫宣布破产。

姜建清把风险控制视为中国工商银行的立行之本。他说，“健全、有效的内部控制体系是商业银行防范经营风险的重要防线，是赖以生存和发展的生命线”。姜建清从风险文化、制度建设、流程改造和监督评价等方面对中国工商银行的风险管理体系进行了深度改革和完善，构建了全方位覆盖、全过程监督的风险防控体系。

员工的职业行为和习惯来自其持有的思想观念。对任何一个企业而言，只有让员工树立正确的职业道德观念，才会形成合规的意识和操守。风险文化包括基本的风险价值观、风险意识和职业道德，决定银行员工的风险取向和行为规范。姜建清将建设稳健的风险文化作为风险防范的起点。他以“诚实守信、行为有规”作为中国工商银行的基本经营理念，把合规意识作为风险文化的重要组成部分，强调明确的风险偏好，建立合规、严谨、稳健的风险文化观。建设风险文化并不是一句口号或表面文章，而是将风险管理文化贯穿到银行的整个经营活动中。

姜建清高度重视风险管理制度建设，并将其作为风险管理的基础。中国工商银行建立了风险偏好管理制度，设计了风险偏好指标体系。在这个指标体系中，经济增加值和风险收益率都被设置为核心考核指标，让各级管理干部和员工对收益和风险有一个清晰的认识。中国工商银行制定了风险限额管理制度，规定了限额的构成和实施要求。中国工商银行就信用风险、市场风险和操作风险等专业风险分别制定了一系列的风险管理制度，形成了结构完整、层次合理、内容全面的专业风险管理制度体系。

姜建清把严密的内控体系作为防范道德风险和操作风险的重要手段。他将2005年定为中国工商银行的“内控攻坚年”，修订了《中国工商银行内部控制规定》。中国工商银行在内控文化建设中突出两个“坚持”，一是坚持“以人为本”，培养全员的良好职业道德；二是坚持培育干部的正确职业理想。同时，建立和落实员工不良行为排查制度，对要害岗位和重点人员加强行为监管，将任期和离任审计制度、干部交流轮岗制度、强制休假制度、个人重大事项报告制度、尽职考核制度等一系列制度加以完善并落实到位。

姜建清清楚人性的弱点及管理规章制度在执行过程中的漏洞。他认为，一个银行内部难免存在“好人”“善良人”和“坏人”，极少数的“坏人”可能千方百计打着银行资金的主意，伺机作案。由于银行内部一些“好人”和“善良人”受人情文化和不良习气的影响，“以信任代替管理、以习惯代替制度、以情面代替纪律”，违规办事，有章不循，就会为“坏人”做坏事提供可乘之机。由于人性的弱点，尤其是像中国工商银行这样的大企业，即使管理制度再完善，员工在工作的过程中若受到不良习气的干扰，制度效果也会打折扣。

姜建清巧妙地利用IT系统覆盖业务管理全流程，通过业务流程改造和全面应用IT技术手段解决其中的操作风险问题。由于管理规章制度的相关要求被设置在各个系统或者平台上，所有的业务政策规定和管理措施都在计算机程序设定的指令下施行，杜绝了各个业务流程操作中的人为随意性。在业务流程中，将规章制度和管理要求融入系统控制和操作流程中，实现业务流程和规章制度的硬性约束，业务人员就无法偏离规章操作。在信贷流程中，将信贷政策和规章制度要求嵌入信贷综合管理系统，在全行实施标准化的信贷管理流程，从客户调查、评级授信、审查审批到贷款发放，对信贷业务流程中的每个关键环节都设定标准化的操作程序，系统能够自动拒绝业务人员的违规操作。在票据流程中，将全行所有票据业务处理流程和管理部门授权、授信等风险管理手段集中在票据综合管理系统这个平台上统一进行，避免了违反程序、超越权限等各种违规现象。

姜建清认为，授权管理和限额管理是控制风险最直接的手段。中国工商银行建立了严格的授权和限额管理体系。一方面，“按照实质风险大小、业务复杂程度、机构经营情况及人员管理能力，实施有区别的分类授权，使资源配置与授权管理相协调”；另一方面，“建立包含行业、国别、区域与客户限额在内的限额体系，全面覆盖信用、市场、操作、流动性等主要风险”。授权管理手段保持了经营的灵活性，限额管理方式有效控制了集中度的风险，使风险在可接受的范围，这样，就优化了整个银行的资产组合布局。

姜建清认识到国内风险管理水平与国外同行的差距。他不仅倡导先进的风险管理理念，还把《巴塞尔协议》的风险管理要求落实到位，追求精确的风险计量控制，不断提升风险管理能力，确保中国工商银行巨大资产的平稳运营。为了实现这一目标，中国工商银行引入现代风险计量技术，构建了由信用风险内部评级法、市场风险内部模型法和操作风险高级计量法构成的科学的风险识别与计量体系。

一是信用风险内部评级法。自2004年以来，中国工商银行整合了信贷、运营、财务等多个数据来源，利用10年的内部数据，开发了涵盖各类客户的信用风险内部评级模型，建立了以客户评级与债项评级为基础的二级评级体系。这两个系统先后于2007年和2008年正式投入使用。中国工商银行利用统一的数据平台对客户进行评级，将信用风险评级用于贷前准入、贷中审批与贷后监测，对信用风险实现了精细化管理。姜建清说："中国工商银行客户评级的资产覆盖率达到 85% 以上，债项评级涵盖 170 多个业务品种。零售信用风险计量开发了近 70 个评分模型与 550 个资产池模型，业务覆盖率达到零售信贷资产总额的 90% 以上。"

二是市场风险内部模型法。从 2008 年到 2011 年，中国工商银行完成了市场风险数据库和全球市场风险管理系统的自主研发工作，成为国内首家自主研发全球市场风险管理系统的银行，建立了以风险价值为核心的风险计量体系，对市场风险从识别、计量到监测实现全过程的管理。全球市场风险管理系统具有定价估值、限额管理、压力测试、风险报告、资本计算等核心功能，能够覆盖交易账户的绝大部分产品，覆盖率达到 85% 以上。

三是操作风险高级计量法。2010 年，中国工商银行利用内外部损失数据，借鉴国际同业经验，开发了操作风险高级计量模型，解决了频率和严重度的分布选择、情景分析数据使用等关键技术问题，实现了操作风险计量与工具应用的系统化，将操作风险的损失控制在 0.05% 之内。风险识别与计量体系全面提升了中国工商银行的风险管理能力和水平，加快了其与国际接轨的速度。

为了保证资产质量的稳定性，中国工商银行建立了以风险防控为导向、以大数据为基础、以量化模型为工具的风险监控体系，通过中后台集中监测，及时发现和控制信用风险、市场风险和运营风险。中国工商银行专门成立了信贷监测中心，组建了监测团队，从客户、产品、行业等多个维度开发风险预警模型，对融资的风险开展全方位的监控。对市场交易风险进行事前、事中、事后的全流程控制，即对交易员、交易对手、交易价格、交易额度进行事前控制；通过建立独立中台，对前台交易逐笔复核进行事中控制；引入产品控制手段，采用前台、中台、后台三方对账、市值验证、损益分析与价格控制等方式对每一笔交易进行事后控制。为了高效控制运营风险，中国工商银行改变沿袭了20多年的业务复审模式，建立了集中的业务运营和风险监测体系，把散布在全行各网点的39个大类业务全部放到后台进行集中处理，实现业务人员与授权人员在空间上彻底分离，从根本上保证授权的独立性。在风险监控体系的有效运行下，全行案件风险率、风险事件数量和内部风险暴露水平逐年大幅度下降，主要监管指标在同行业中保持领先水平。

第四章

鼠标与砖头的战争

如果要深刻理解信息技术对商业银行经营管理活动的影响，还得从商品流通的构成要素说起。以货币为媒介的、连续不断的商品交换形成了商品流通和商品经济。商品流通是由商流、物流、信息流、货币流四者形成的统一体，也就是经常提及的“四流”。商品经济从低级阶段发展到高级阶段，正是这四个要素由统一到分离、社会分工不断精细化的过程。

其中，商流是商品所有权的买卖与转换，是物流、货币流、信息流的前提和起点，没有商品所有权的变化，一般不会发生物流、信息流、货币流。反过来，如果没有相应的物流、货币流、信息流的匹配，商流也很难达到目的。物流则是商品实体形态的改变、暂时停留和空间位置的移动，合理的物流是保证商流顺利运行的基本条件。没有物流，商流将无法实现。在商品交换中，伴随商品所有权的转移而带来的货币所有权的转移，形成了货币流或资金流。在人类最初发展阶段，物物交换促进了货币的产生，而货币的产生及作为交易媒介的广泛使用，反过来又促进了以交换为目的进行生产的商品经济的发展，同时也促使专门经营货币流通的钱庄、典当行的出现，最终逐渐演化成现代银行业。信息流则反映了商业经营活动、商品供求信号与消息的交换和流动，没有商业信息的交流和传递，商品交换就不复存在，也就没有了商业活动。因而，信息流的及时、准确程度对于协调供需一致、提高企业经营管理决策水平、增强对市场的应变能力具有重要的价值和作用。简而言之，在商品流通构成的要素中，商流是动机和目的，货币流是条件，信息流是手段，而物流是终结和归宿。

虽然商流、物流、货币流、信息流各有独立存在的意义，并且各有自身的运行规律，但是，作为商品流通的构成要素，上述“四流”却是一个相互联系、互为伴随、共同支撑商品交换活动的整体。作为提供金融服务的银行与信息技术之间存在着天然的紧密联系。现代银行的发展轨迹表明，新的金融工具和服务方式的推行往往是金融市场行为同信息技术相互耦合的结果。因此，信息技术的产生和发展是推动金融创新、提升金融服务效率的必然选择。只不过在很长一段时间内，人们往往习惯于自身局部的变化，而忽略或低估了系统要素之间的相互制约与联动，结果等到发觉时，已被竞争对手“弯道超车”。作为企业家，谁能够不受自身的局限，系统、全面地看到事物之间的相互关联，通过分析，找出问题的本质，并在此基础上创造性地从全局角度提出新思路和新方案，谁就能够占领未来发展的制高点。

姜建清对信息技术的系统化研究始于 1995 年在美国的访学。信息技术给金融界带来的变化让置身于曼哈顿的姜建清产生了极大的震撼，也引发了他对相关知识的极大兴趣。回国之后，姜建清集结自己的研究成果，1999 年出版了《美国银行业的科技革命》，2000 年又出版了《金融高科技的发展及深层次影响研究》。而这些研究的积淀为日后姜建清作为工商银行总行高管，不管是推进银行信息化，还是之后的信息化银行，都奠定了坚实的理论基础。“对于商业银行来说，真正的挑战并非来自跨界竞争者，而是能否跟上技术创新的步伐，以开放、合作、创新、进取的心态去拥抱新的趋势。如果互联网金融与传统金融出现了战略上的重叠，竞争有可能大于合作，合作也有可能大于竞争，或者有时候会同竞争者的竞争者成为合作者”，姜建清说。他正是以这种进取、创新、开放、合作的精神引领着工商银行的信息化变革。

金融发展离不开科技推动

“综观人类社会的发展史，金融业从来都是新的科学技术应用的先锋。金融业的历史并不短，有息借贷已超过3000年历史了。古巴比伦、古希腊和之后罗马的神庙是当时从事借贷的‘银行’。古代科技推动了冶金业、造纸业、印刷业的发展，也应用于金融领域。两河流域文明时代的贷款合同只能用楔形文字写在泥版上。中国周代用青铜器记载地契交易。公元8—10世纪，中国敦煌和西域的借贷契约就已使用纸质文书了。古希腊时代已有汇款业务，古罗马政治家西塞罗的儿子留学时就通过汇款而不需携带现金。这与中国宋代交子乃至山西票号的密押同理，都须依靠密码技术。15世纪威尼斯出现的复式簿记，今天仍应用于金融业会计核算。中国算盘诞生于汉代，它极大地提高了计算效率和准确度，直至20世纪80年代还是中国银行业的主要计算工具。机械式计算机的商业应用始于1820年，最早商业化使用者就是银行与保险机构。1946年，宾夕法尼亚大学研制成功了世界上第一台计算机。1958年，第一台计算机进入美洲银行使用。在计算机的使用上，银行从来都是最早的尝试者和先行者。”谈及金融科技的发展历史，姜建清可以说是如数家珍，强调金融的发展从来都离不开科技推动。

我国银行业信息化起步于20世纪80年代，而上海金融业的信息化一直走在国内金融业的前列。早在中华人民共和国成立前，上海银行业就已经在记账中开始使用国外20世纪30年代生产的机械式记账机，也曾购入国外商店用的电子记账机用于银行账务处理。姜建清还记得，20世纪70年代末自己进银行刚开始工作的时候，上海的银行还在用中华人民共和国成立前引进的一些机械计算机记账，那是20世纪二三十年代在美国和德国生产的，里面都是机械的零件，但不可思议的是，就这样一台机械竟然能够做计算。那个时候，银行业务处理主要还是靠一个算盘、一支笔。对于姜建清而言，每天最重要的是早晨练算盘。银行评选劳动模范很重要的一条是看谁打算盘打得快，谁打得快谁就可能是劳动模范。20世纪80年代初的时候，银行开始引进东德、捷克的小型计算机作为计算的工具，同时，引入日产M-150小型机系统，先在上海南京路六家储蓄所进行联机操作。不过，当时这台小型机的容量还不如现在一台586微机。姜建清说，“最开始用计算机时，我们老是怀疑计算机错了怎么办？银行任何账目都要进行两次核算，一分钱都不能差，差一分钱花10个小时也得查出来。因此，一到计算机核算，就组织很多人用算盘进行核对，看它算错了没有。连着核算了三年，算盘和计算机比拼，结果一直没有发现计算机有错误，这才把两道核算取消，改变了银行几十年甚至几百年以来的双线核算制度规定”。

从1986年到1989年，中国工商银行上海市分行就先后引进了六套IBM-4381主机系统，建立了北区、中区、金山卫三个计算机分中心，实现了多主机间的实时联网，形成了计算机网络的框架。1990年，中国工商银行上海市分行首先实现了同城的国际储蓄的通存通兑，拉开了网络化建设的序幕。1993 年建成西区分中心，引进 IBM ES 9000/490 主机系统，并完成计算机操作系统的升级换代，成为国内金融系统中第一家使用 IBM 大型计算机操作系统的单位。1996 年投入巨资，安装了先进的 IBM 9672/R63 大型计算机系统，建成连接全市的高速光缆主干通信网络。1997 年又引进了 IBM 9672/R44 主机，与原有设备共同构成一个平行系统综合体，从而提高了一个技术档次。中心的总处理能力达 300MIPS（每秒百万次），储容量达 540GB，成为上海乃至国内金融界规模最大、水平最高、设施最先进的现代化电子计算中心之一。

依靠现代化大型计算机网络的支持，工商银行上海市分行的金融电子化应用服务迅速发展并在全市金融界处于领先地位。1987 年，上海市首次推出对公和储蓄柜台业务处理系统；1988 年，推出本市首台自动柜员机（ATM）；1990 年，率先实现全市活期储蓄通存通兑；1991 年，率先推出全国第一套电子付款系统；1992 年，率先推出全国第一个电话银行服务系统及自助银行；1994 年，率先实现上海、深圳两地活期储蓄通存通兑等。从商业银行基层柜面做起的姜建清，对信息技术给银行业务带来的影响有着更加切身的体会，当时就提出，“软硬兼施”将是中国银行业未来发展方向上的一个大趋势。姜建清注意到，面对日趋激烈的竞争格局，服务费收入开始在银行总收益中的比重越来越大，银行中从事纯服务工作的人员比重也呈上升趋势。与此同时，面对庞大的资金流量，商业银行单靠人员手工处理感到越来越吃力，优质客户对银行服务能力的要求日趋提高，促进了银行高新技术的发展，电脑的应用从低级向高级，从柜面自动化向计算机网络化、系统化方向发展，银行服务开始逐步摆脱服务时空的局限，达到了一个新的服务水平。

美国访学激发的思考和研究

1995年，时任中国工商银行上海市分行副行长兼浦东分行行长的姜建清到美国纽约的哥伦比亚大学做访问学者。此时的美国正在经历着互联网金融的第一波高潮，已经出现了美国第一安全证券银行这样一家虚拟银行。姜建清非常关注有关虚拟网络银行方面的新闻报道，参访多家美国银行的经历给他带来了有冲击的感性认识。当时很多报纸整篇讨论互联网金融带来的影响，基本的论调都是"在20世纪传统银行可能会被淘汰，未来'鼠标将打败砖头'"。然而，这种论调的背后没有考虑现在的银行会不会、能不能、愿不愿改变自身以适应科技的发展。

正是这种论调激发了作为传统银行管理者姜建清的研究兴趣，使他开始更加系统、深入地思考金融与科技之间的关系、传统的商业银行如何适应信息技术快速发展的问题。在美国访学期间，除了参访美国很多当地银行，姜建清一有时间，就泡在哥伦比亚大学图书馆查找相关资料，把报纸、杂志上的相关文章都复印下来，反复地阅读和钻研，并将自己的所感、所思整理成文章。"当时不像现在可以很方便地利用计算机收集电子文献，很多资料都是我复印下来的。"姜建清说。回国之后，姜建清在完成上海交通大学管理学博士论文和答辩的同时，先后出版了《美国银行业的科技革命》《金融高科技的发展及其深层次影响研究》等作品，详细介绍了美国高科技的发展现状、过程和主要内容，深入分析了科技革命引发的货币形态从实务货币向电子货币方向的转变，银行的概念从实体银行向虚拟银行方向渐进，柜面服务从“人—人”对话向“人—机”对话演变，资金支付从依赖纸质支付凭证向电子支付方向发展的金融产品高科技含量迅速递增和多元发展的趋势，揭示了银行业务创新和科技创新的内在依存性、信息技术对金融创新的直接影响。姜建清认为，信息技术和金融创新的相互作用使两者的边界趋于模糊，以及金融创新应该逐步适应科技创新的必然趋势。

“骑士制度的时代已经过去了，随之而来的是诡辩者、经济学家和计算机时代”，姜建清在《美国银行业的科技革命》一书中引用了诺贝尔经济学奖获得者保罗·萨缪尔森的话。“以前，我国银行业曾经有几万亿元的不良资产，如果集体拨备，就是几万亿元的亏损。经过十几年以后，如今中国金融业、中国银行业的发展举世瞩目，如中国工商银行已成为全球市值最大、赢利最多的银行，且为全球金融业第一品牌，品牌价值高达480多亿美元。为什么会发生这么大的变化？很多学者作了一些分析，比如说在制度方面，在由计划经济向市场经济转变的过程中，很多企业不适应，形成的大量不良资产被转移到银行，如今经济体制改革取得了重大的成功等。但是，也有人把成功归结为财务重组、改制上市。当然，这些因素都是重要的，但是，最重要的其实还是内因。一个商业银行发生了重大变化和进步的主要原因是其管理水平的提升，否则，无论有什么样的外因都不可能”，姜建清后来接受采访时说，“我从技术原因上进行分析，而这方面往往很少为人所关注。”能够敏锐地看到科技发展对金融业的影响，深刻洞察信息技术对金融业经营管理带来的变革，迅速察觉技术革命与我国商业银行面临变革之间的关联，正是姜建清作为银行家的独到之处和先发优势。

来自美国金融业的发展经验

在对美国银行业的参访和研究中，姜建清敏锐地发现信息产业化成为推动美国经济、金融发展的主要动力。银行一直是高科技发展的主要用户和见证人。美国银行业早在 20 世纪 40 年代末至 50 年代初就开始了电子计算机技术应用于银行业的探索，大致经历了四个阶段。

美国银行业电子化的第一个阶段起步于 20 世纪 50 年代前后。随着计算机的出现，一些大的银行开始用计算机处理代替手工操作。美洲银行 1950 年前后开始与斯坦福大学的研究所合作研发使用条形码自动处理支票的办法，花旗银行也着手研究银行业务处理自动化问题。1955 年，美洲银行首先在银行领域使用计算机进行会计记账和报表编制工作。1958 年又安装了 GE-100 型晶体管计算机，使支票、储蓄和部分信贷业务可以通过计算机处理。从 1960 年年初开始，美国银行业各种电子资金转账系统如雨后春笋般建立起来，开始了银行业务的联机处理。计算机真正大面积使用得益于 1964 年 4 月 2 日 IBM 公司 360 系统的开发，IBM 公司为此花了 50 亿美元的投资，但打开了银行的大门，获得巨大的成功。20 世纪 70 年代，美国银行业的电脑普及化程度迅速提高，到 1978 年，已有 80% 的银行使用了电子计算机。通过采用高效的计算机系统和通信网，美国银行业提升了交易的安全性、便利性和经济性。

在电子化的第一个阶段，虽然银行的工作效率得到很大提高，但银行业务的内涵和方式基本没有发生改变。其原因是这些系统之间缺乏关联，系统彼此独立，信息技术的巨大潜力没有发挥出来。美国银行业电子化的第二个阶段开始于 20 世纪 70 年代。银行开始用终端与主机相连，银行的柜面人员可以直接与主机联系，从而自动完成银行内部的业务过程。商业银行的总行大多数采用集中式主机系统，一般装备有两台主机，一台做运营用，另一台用于系统开发、测试等；商业银行分支行的终端设备（主控机与柜员终端机）大多采用大型电脑厂商的专属设备或其他提供相容性系统的终端设备，其主要优点在于系统的安全性、稳定性。

美国银行业电子化的第三个阶段主要体现在自动化上，不需要雇员而直接为客户提供服务。在这一阶段，美国银行依托高科技开发出各种自助业务，包括 ATM、POS 机、电话银行和家庭银行。自助银行业务不仅改善了对客户服务的质量，也降低了银行的运行成本。20 世纪 70 年代末的一项调查表明，123 家资产额在 200 亿～950 亿美元、雇员在 3000～90000 人的商业银行，在从事对外交易时 34% 的交易使用电话，32% 使用电传，9% 使用电子计算机网络，约 4% 通过传真通信。而到 20 世纪 80 年代，美国商业银行已开始通过标准化手段将独立的电子计算机连接成网络，形成了巨大的计算机资源，从而为客户提供快速、便捷的各种服务。

20 世纪 90 年代，信息技术革命宣告美国银行业电子化步入崭新的资讯网络时代。电子计算机与现代通信技术的结合，被进一步广泛运用于美国银行的业务交易、数据处理、资金转账、信息传递及经营管理各领域，计算机之间的联系渠道不仅包括银行内部计算机之间的联系，还包括银行与外部之间的联系。美国金融机构业务自动化的程度日益提高，也使整个金融服务业的面貌发生了极大变化。1995 年 10 月，诞生了第一家网上银行——安全第一网络银行（SFNB）。很快，花旗银行、汇丰银行等老牌银行纷纷推出了自己的网上服务，一时间能够提供网上服务成为银行国际化和先进性的一个标志。同时，一个全国范围内的商业银行与其他金融机构自动化资金划付系统（EFTS）建成使用。纽约金融市场上的大型商业银行和投资银行的国际金融业务也充分利用国际美元收付计算机网络（CHIPS）及全球金融电信系统（SWIFT），并进一步利用了国际银行业务的路透终端与美联终端等现代化清算及信息系统。

姜建清在后来的《金融高科技的发展及其深层次影响研究》一书中总结道，20 世纪 80 年代以后，以美国为首的西方国家出现了金融创新，猛烈地冲击了西方各国传统的金融体系、金融制度和货币政策，这就是现代计算机处理技术与电子通信技术革命性发展，特别是国际互联网络的迅猛崛起，以其不可阻挡的速度推动着世界奔腾着驶向未来。它向人类社会广泛渗透，深刻地改变了人们的生存方式和价值观念，包括改变了人们的消费习惯、储蓄方式、投资偏好和经济、金融理念，并由此引起社会资金流量、流向和结构的巨大改变，给人类经济和社会生活带来了已知和未知的重大变化。尽管银行业有些金融品种的创新并不直接与技术有关，但是几乎所有的金融创新品种背后都可以找到技术因素对其的支撑。可以说，银行金融的创新实际上都是在科学技术尤其是信息技术创新的基础上进行的。在美国，层出不穷的金融创新不仅改变了金融观念和金融运作，而且掀起了一场金融领域的科技革命。金融科技革命的成果在金融业的广泛应用，促进了金融业务、金融组织管理、金融制度等方面的多种创新，使金融发展进入一个更高的层次和阶段。美国金融创新的实质是科技的创新。金融业正在成为集信息产业、通信技术和金融服务产业于一体的高科技产业。虽然金融服务业中的各部门在不同的国家具有不同的体制结构，但是金融服务的革命具有很大的相似性。在金融创新中，制度弹性、人类智慧与金融科技相互作用。尽管创新的节奏并不完全由技术决定，但技术起了重要的作用。

科技助推中国银行业的发展

在研究高科技给美国银行业带来的影响的同时，姜建清更关心的是怎么把信息科技应用到中国。姜建清在研究美国金融业创新与科技发展的基础上，认为高新技术向金融业的渗入，使银行这一传统的行业正在发生以下四个方面的根本性变化。

一是货币形态从实物货币向电子货币方向转变。货币从一般商品发展到纸币、铸币等一般等价物经过漫长的历史阶段，而在过去几十年间跳跃式地发展至信用卡、智能卡和网络电子货币的阶段。

二是银行的概念从实体银行向虚拟银行方向渐进。人们对银行就是高大的建筑和广泛的分支网络的认识正在被电话银行、企业银行、家庭银行和网络银行所逐步替代，未来银行的概念或许就是一个数据库或一个网址的别名。

三是柜面服务从人—人对话向人—机对话方向演化。传统银行面对面的服务正被 ATM、POS 机、信息亭、银行自助服务区和无人银行、自动语音合成装置和多媒体自助设备所替代。

四是资金流动从依赖纸质支付凭证的交换向电子支付方向发展。EDI技术（电子数据交换）、电子商务、卫星联行、实时汇兑、证券、外汇及资金市场的电子交易方式，极大地加快了资金的流通速度。

当时的中国国有商业银行正处在一个深化改革、优化结构、规范治理的关键时期，国家推行的股改试点则为国有商业银行改革发展提供了新的契机。对美国银行业的创新与高科技发展的深入探究，让姜建清意识到美国银行业发展进程中的经验与教训，对正在改革发展中的中国银行业有着重要的借鉴价值。中国银行业要进一步寻求扩大服务的能力、降低成本的途径、规避风险的条件和增加利润的可能，只能依靠科技发展。

如何看待金融高科技发展与银行业国有企业改制和规范治理的关系？哪个应当成为当时我国银行改革发展首要解决的问题呢？从美国回来后，姜建清在《中国金融家》杂志上撰文论述了银行公司治理、内控机制与科技发展三者之间的相辅相成的关系，在这三者之中，完善公司治理、提升制度创新力是培育现代商业银行核心竞争力的关键，强化内控机制、增强风险掌控力是培育现代商业银行核心竞争力的重要内容，推动金融高科技发展、提升技术竞争力是培育现代商业银行核心竞争力的主要依托。计算机和网络技术的迅猛发展为银行经营管理模式带来深层次的变革，技术进步是商业银行获得长远发展的持久动力和强大支撑，也是银行核心竞争力的主要依托和集中体现。技术竞争力是指商业银行在信息资源、网络设置、数据处理和银行管理等方面具备的竞争优势。提升商业银行的技术竞争力，首先要建立高效、快捷、顺畅的信息技术平台，还要强化技术应用创新。商业银行应充分利用和发挥硬件优势，创新金融服务方式和管理模式，建立先进的客户管理和市场细分系统，建立完备的风险预警和跟踪测评系统，加强业务信息的整合和综合管理，以技术促创新、促管理、促发展、促变革。国有商业银行积聚了强大的创新潜力，在提升制度创新力、风险掌控力和技术竞争力的基础上，中国国有商业银行的核心竞争力将不断获得新的跃升。

工商银行改革发展华彩乐章中的最强音

“从我自己的成长来看，过去在上海工作，上海银行业的科技水平一直比较高”，姜建清说，“然而，到了20世纪90年代，开始采用大型计算机，但最初是按省布局和管理，省与省之间是孤立的，这个省的钱汇不到那个省，直到1997年的时候依然如此。”1995年年底，由于工作调整原因，姜建清提前结束了美国访学，出任上海城市合作商业银行（现在的上海银行股份有限公司）行长。当时的上海城市合作商业银行是由99个城市信用社组成，姜建清上任后就开始进行计算机化的变革。1997年6月，姜建清又调回了中国工商银行，从调出之前的上海市分行副行长升任为中国工商银行上海市分行行长。回到中国工商银行后的姜建清，立即在中国工商银行推行电话银行等业务。1997年下半年，中国工商银行上海市分行所有ATM加入上海“金卡工程”，与VISA（维萨）、PLUS国际网络（维萨旗下的ATM提现网络）ATM系统联网，为境外客户提供服务。我国第一个电话银行当年也在中国工商银行上海市分行投入使用。到1998年，工商银行上海市分行已经在信贷控制、企业信用等级测算、内部财务分析、资产负债管理、业务事后监督、人事统计等方面广泛运用了科技手段。1999 年 6 月，姜建清升任中国工商银行副行长，立刻把信息科技列为重要工作之一，开始负责着手工商银行整体技术改造，目的是将全国工商银行分支机构连接在一起。1999 年 9 月 1 日，中国工商银行做出了一项对自身乃至我国金融业科技发展具有深远影响的重大决策，启动了数据集中工程——“9991 工程”，开启了工商银行信息化建设的新里程。2000 年，工商银行开始建设网上银行。自此，工商银行的信息化建设进入了高速发展的轨道。

“中国工商银行信息技术发展的历程是中国银行业电子化发展的缩影”，姜建清在 2001 年的第二届中国金融信息化发展论坛发表演讲时说，“可以说，工商银行的改革发展史，是一部信息技术在我国银行业的应用史，是一部运用信息技术改造传统银行体制和业务的历史。”到 2000 年年末，工商银行电子化营业网点的覆盖率就已达到了 100%，柜员业务全部实行了自动化处理；全行 36 个分行计算机的大机延伸任务全部完成，建立了全行统一的帧中继骨干网和卫星备份网，以及具有国内领先水平的资金汇划的“高速公路”，实现了异地资金汇划实时处理的两小时到账，为广大客户和近千家中外资金融机构提供了方便、快捷、安全的资金清算业务；ATM 的拥有量超过了一万台，占全国 ATM 总数的 27%，POS 机近六万台，占全国 POS 机总量的 20%，自助银行网点 227 个，以 9588 为品牌的电话银行的服务已深入人心，手机银行业务已在多个城市开通，在大多数城市分行开通了网上银行业务和电子商务的支付业务；建成了连接全行所有网点的信贷综合管理系统，把全行 40 万家法人贷款客户的相关信息、数据全部集中地录入，实现了全行信贷经营的实时监控管理。每天工商银行全行大概 2000~3000 笔的贷款，即时全部反映到总行，进行实时监控，开发了非现场信贷资产质量的监控系统，提高了稽核工作的效率和质量。中国工商银行还建立了覆盖全行的 NOS（网络操作系统）网系统和公文传输系统，向办公自动化迈步出了重要一步。经过“七五”“八五”和“九五”三个五年计划的不懈努力，工商银行已基本实现了业务操作的自动化、信息处理网络化、社会服务多元化和经营管理信息化的奋斗目标。但是，姜建清也指出工商银行信息化建设中存在一些问题，比如，多中心导致科技投入的浪费，计算机的接口及数据标准的不统一、系统整合比较困难，服务产品的开发和管理信息的应用滞后于信息基础设施的建设和业务的快速发展等。“银行科技发展的明天不是昨天和今天量的重复，而是质的飞跃。可以预料，信息网络技术的飞速发展及其与金融全球化的高度紧密结合，将使全球金融发展进入一个新的历史时期——网络金融时代。这是一个对金融服务业极富挑战性的时代，传统意义上的银行业正渐渐离我们远去，新世纪的银行模式需要我们共同探索和建造”，姜建清强调。

2009 年，姜建清在工商银行“9991 工程”实施十周年总结时概括了自己自担任中国工商银行行长及董事长以来，工商银行在信息化建设上取得的成绩——信息科技建设是全行近十年来改革发展华彩乐章中的最强音符。长期以来，工商银行始终坚持“科技兴行”“科技引领”的战略，大力推进科技创新和技术应用，为不同时期的改革发展提供了强大的支撑。特别是“9991 工程”的实施，不仅奠定了工商银行信息科技在国内同业的领先优势，而且极大地推动了全行管理体制的深刻变革和各项业务的创新发展，铸就了工商银行的核心竞争力。经过十年的努力，工商银行信息科技工作实现了历史性的跨越，取得了令人瞩目的成就。

第一，开启了我国金融业数据集中的新时代，实现了工商银行信息化建设的新跨越。对于工商银行这样客户高达数亿、业务量巨大的金融企业来说，要在短时间内完成全部数据的集中又保证业务处理的不间断、数据信息不丢失，其规模之大、层面之多、难度之高是前所未有的。工商银行历时三年，不断攻坚克难，于 2002 年 10 月顺利完成了工程建设，成功将分布在全国的 36 个数据处理中心集中到两个现代化的大型数据中心，在国内同业中率先建成了超大型网络体系，实现了全行数据的集中处理和统一管理，形成了全行集约化、现代化的生产运行新模式。2001 年建立了海外数据中心，启动了境外机构数据集中工程，陆续将 14 家境外分支机构及工银亚洲的信息系统集中到海外数据中心，为工商银行实施全球化发展战略提供了有力的技术支撑。2004 年又成功实施了数据中心整合工程，将全行的主要生产系统进一步集中到数据中心（上海）；2006 年，顺利完成了核心应用系统重构工程，将应用系统按公司和个人业务进行划分，进一步降低了数据集中后的运行风险“9991 工程”的全面完成，标志着工商银行信息化建设进入集约化经营的全新时代。数据集中为全行经营管理和各项业务的创新发展提供了具有国际先进水平的技术平台，引发了全行生产运行、应用研发、科技管理体制的变革，实现了生产运行由粗放到集约高效、经营管理由分散到集中统一的转变，使全行业务、管理、经营和服务等日益趋向精细化、规范化、标准化。工商银行从此变成真正意义上的“One Bank”，即“一个银行”，为广大客户提供了更加快捷、方便、安全的金融服务。工商银行的数据集中，开创了国内金融界建设超大规模数据中心的先河，开启了国内金融业信息化建设的新时代，推动了我国整个金融业的科技进步和各项业务的创新发展。鉴于“9991 工程”的突出成就，

2004年中国人民银行将银行科技发展奖设立以来的首个特等奖授予了工商银行的数据集中工程。

第二，开创了工商银行科技创新的新征程，锻造了工商银行信息科技的核心竞争力。"9991工程"竣工投产后，全行进一步加快技术创新和实践运用，持续保持信息化建设同业领先优势。比如，在数据集中的平台上，2002年开发投产了综合业务系统（CB2000），实现了综合柜员、统一账务核算、资金汇划清算及7×24小时的业务处理服务，使工商银行在国内大型商业银行中率先建立起统一、标准、规范的核心业务应用平台。在此基础上，又形成了集业务操作、经营管理、分析决策于一体的全功能银行系统（NOVA），并先后在电子银行、本外币理财、现金管理、风险管理、经营统计分析等领域的信息系统建设上取得突破。2008年10月31日，工商银行又启动了适应综合化、国际化发展需要的第四代应用系统建设——"1031工程"，计划用三年左右的时间，构建起一个具有灵活性、先进性、高性能、抗风险，达到国际先进水平的应用架构体系。同时，工商银行自主研发的境外机构综合业务处理系统（FOVA）已完成了在11家境外机构的投产运营，为工商银行实施国际化发展战略、拓展海外市场构建起了坚实的信息技术基础。此外，工商银行还建成了统一的总控中心，实现对全行生产运行的自动化监控和一体化管理；建成了具有国际先进水平的灾备体系，在国内同业第一家同时具备了同城和异地灾备系统；建立了业务连续性运作机制，有效防范了信息系统的运行风险。依靠先进的技术平台，工商银行在缩减IT运营成本的同时不断提升运营价值，信息系统处理能力大幅提升，信息系统日均业务量从2003年的2928万笔上升到2009年的10572万笔，增长了3.6倍。在业务量持续攀升的情况下，信息系统可用率始终保持在 99.95% 以上的较高水平，支撑着全行超过 1.6 万家营业机构、3.2 万台 ATM、23 万台 POS 机、2.3 万台自助终端的平稳运行，为确保全行业务的开展和经营管理的顺利进行提供了强有力的科技保障。

第三，信息科技有力地支持了工商银行的经营发展，推动了银行改革发展的进程。“工欲善其事，必先利其器。”工商银行十年来以数据集中为基础，以核心应用系统为依托，在消化吸收外部先进经验的同时，依靠自身力量持续开展科技创新，使科技成为助推发展的利器和法宝，推动了银行的创新能力、管理水平、服务品质等方面质的飞跃。一是持续推动了管理创新，促进了现代经营体制和全面风险管理变革。数据集中实现了工商银行业务的统一管理、集中监控和风险防范，做到了资源共享，进一步降低了管理成本，推进了一系列管理变革的开展。比如，依托数据集中的数据仓库的开发应用，工商银行的信息使用和管理实现了从分散到整合、从局部向全局的跨越。各项管理系统应用研发，在客户信息分析及数据挖掘、信息统计、业绩价值管理及财务管理等方面的信息化建设实现了质的飞跃。又如，通过科技的创新和支持，全行在信用风险、市场风险和操作风险管理方面的应用系统不断完善，推动了全面风险管理体系的建立和风险管理水平的提高。二是持续推动了产品创新，促进了服务能力的提升。依靠强大的科技支持，工商银行以客户为中心的经营理念进一步强化，产品研发的能力、速度和水平大大提高。工商银行开发了一大批契合客户需求的新产品，打造了银行户口、财智账户、本外币理财、全球现金管理、牡丹白金卡等一大批具有竞争力的产品，率先开发出资产托管系统，搭建了私人银行平台，推动了相关业务的发展，巩固了工商银行传统业务和大部分新兴业务同业领先的市场地位，有效满足了客户多元化、个性化的金融需求。三是持续推动了渠道创新，促进了电子银行的快速发展。工商银行抓住网络时代发展的新趋势，通过科技创新，建成了涵盖网上银行、电话银行、手机银行、自助设备等完整的电子银行服务体系，持续推出功能多样的新产品，并通过网银应用重构、电话银行整合等不断优化技术体系，电子银行业务分流率达到了46.2%，大大降低了柜面压力，进一步巩固了渠道优势，确立了工商银行电子银行客户数量最多、市场占比最大、效益最好的同业领先地位。

第四，完善了科技治理体系，保障了全行信息化建设的持续发展。伴随着“9991工程”的实施及多年的探索实践，工商银行逐步形成了以董事会和高管层为战略指导，总行信息科技部、软件开发中心、各数据中心分别承担业务归口和规划管理、软件研发、生产运行、灾难备份和软件测试等职能，各分行负责辖内科技管理的信息科技管理体制。制定了由120个办法、细则组成的科技制度体系，发布了61项技术规范，进一步完善了全行各项信息科技管理制度、标准和规范体系。拥有国家专利达88项，在国内同业中占55%。最为重要的是，工商银行建立了一支员工总量达1.1万人、国内规模最大、实力最强的科技队伍，成为工商银行信息化建设十年历程中积累的最为宝贵的财富，为工商银行后续的科技发展奠定了坚实的基础。

“9991工程”极大地推动了工商银行科技的进步，显著提高了全行的核心竞争力，促进了工商银行一次又一次的跨越和腾飞，也为其他中国金融企业现代化科技建设提供了一个范例，奠定了工商银行在信息科技方面的行业领先地位。“9991工程”实施以来的十年，是工商银行信息科技跻身国际金融业一流水平，引领国内同业，实现新跨越的十年，工商银行的信息化建设得到了国际国内同业的广泛认可。2007 年、2008 年工商银行连续两次位列“中国企业信息化建设 500 强”首位，并多次获得《银行家》等国际权威媒体授予的信息化建设大奖。

实现国内领先到国际领先的新跨越

信息科技作为工商银行发展战略的重要组成部分，在工商银行机制转变、经营转型过程中发挥着重要的作用。“十年磨一剑”，姜建清正是利用信息技术这把利剑，确保了工商银行改革和发展的顺利进行，他总结道：“十年来，工商银行前瞻性地把握信息技术与金融业加速融合的趋势，坚持‘科技兴行’‘科技引领’战略，率先在国内同业完成了数据大集中、全功能银行系统投产等重大科技创新，并依托先进的科技平台和强大的研发力量，大力实施管理、业务和渠道创新，使创新成为提升发展水平的不竭动力和源泉。工商银行已经走出了一条具有工商银行特色的商业银行信息化建设之路。”姜建清总结这些年的发展实践，有以下几点体会。

一是坚持“科技引领”战略，集全行之力发展科技。信息科技是商业银行的一项重要基础专业力量，也是确保银行改革顺利推进、业务快速发展的关键支撑力量。多年来，正是由于工商银行始终高度重视信息科技建设，始终保持对科技的投入，全行上下同心协力、总分行密切配合，坚定不移地推进科技进步与发展，才使全行整体信息科技水平始终处在国内领先、国际先进的地位，有力支持了全行业务的持续创新和快速发展。

二是坚持围绕全行发展战略，与业务紧密结合进行科技研发。科技进步能够提升银行的核心竞争力和服务水平，以及促进业务发展，这是工商银行信息化建设的根本指导思想，也是确保信息化建设取得巨大成就的关键。任何脱离业务发展需要和客户需求的科技发展是没有生命力的。十年来，工商银行科技工作始终围绕全行总体发展目标，以客户为中心，与业务协同发展，实现了业务发展和科技水平的同步跃升。

三是坚持自主创新，主要依靠自己的力量发展科技。把别人的东西照搬过来虽然简单，但始终受制于人，处于被动局面，也很难形成区别于他人的核心竞争力。从大机延伸、数据集中、NOVA系统研发、大力发展网上银行到第四代核心系统建设，工商银行的科技发展始终坚持自主创新的科学发展道路，不仅培养了一支强大的科技队伍，而且完成了从数据集中到数据中心整合，从研发核心应用系统到建设完整产品体系的大跨越，保持了在同业中的领先地位，使工商银行在激烈的信息化建设竞争中牢牢掌握了主动权。

四是坚持安全为本，安全、稳定地发展科技。信息科技已经深入银行经营管理的全过程，信息系统的安全、平稳运行已成为工商银行改革发展顺利推进的基础，同时信息系统的安全运行水平也是工商银行科技发展水平的首要体现。长期以来，特别是自数据集中以来，工商银行上下正是以安全生产为中心，始终坚持“将确保信息系统安全、稳定运行放在信息科技工作首位”的原则，通过在技术和管理两个层面上采取一系列措施，不断提升信息系统的可用率和客户服务水平，经受住了一次次严峻考验，确保了全行信息系统的安全性、稳定性。

“科技的创新永无止境，同业的赶超步伐很快，要保持持续领先优势，全行信息化建设面临更艰巨的任务和挑战”，姜建清强调，“全球金融体系正处于重组、变革之中，国内金融脱媒、利率市场化进程日益加快，深刻改变着商业银行的经营模式和发展方式，迫切需要现代信息技术提供新的动力支持。工商银行已经步入新的发展阶段，加快建设国际一流的现代金融企业。作为全行发展的关键支撑力量，信息科技要进一步加大创新，吸收国内外最新的科技成果，为全行改革发展构建运行平稳、创新力强、架构灵活、管理科学的信息科技平台，把工商银行建设成为全球最优秀的 IT 银行，实现从国内领先到国际领先的新跨越。”

第五章

金融科技的“工商银行印记”

当新生事物出现的时候，人类总是习惯用已有的知识体系和认知方式解释新生的事物，而忽视了这种新生事物未来可能产生的“颠覆性”的变化。比如，当一项新技术被引进时，人们自然而然地会认为新技术会直接替代某些他们已经熟知和理解的事物。但随着对这项新技术的熟悉和掌握，人们逐渐意识到要想真正发挥新技术的作用，就需要进行颠覆原有传统的变革。汽车最初于1900年左右在美国出现时，人们把这种机器叫作“不用马拉的车”。为什么？因为很容易直接把它理解成大家都熟悉的马车的替代品，只不过神奇的是没有马拉而已。不用马拉的车有着明显的优势。汽车在不跑的时候不用喂饲料，不会生病，不会拒绝工作，也不会随地大小便——这在当时城市里是个超乎想象的大问题。但是，如果只把汽车当作一个没有马拉的车，就忽略了这项新技术的真正力量。汽车给交通运输系统带来了革命性变化。这些优势一直等到周边配套的基础设施出现了重大变化之后才为人们所发现。

正如汽车给人们的生活和交通运输系统带来的革命性变化，如今，互联网、人工智能、AR、VR、云计算、大数据、区块链等新技术给金融业带来的变化，同样也存在一个逐步了解、探索、深入、接受、推广的过程，一个从局部创新到整体巨变的过程，谁也无法一开始就能预测未来的景象，需要企业变得更加敏捷和灵活，快速适应技术的挑战。埃森哲（Accenture）认为，电子商务与银行信息化的碰撞日益频繁，金融服务方式日新月异，互联网金融变革时代即将到来，传统的金融机构正面临三重挑战——不断提高的客户要求、不断下降的客户忠诚度、不断加剧的来自非传统服务提供商的竞争。

谁能在转型与创新方面赢得先机？麦肯锡全球资深董事合伙人、大中华区银行业务负责人曲向军在接受《哈佛商业评论》的采访时说，最核心的挑战在于领导力。CEO要有“旅程”的概念，无论是转型还是创新，都是一个旅程，旅程意味着一个客观的过程，欲速则不达。iPhone用了10年才真正做成，10年iPhone的创新旅程，如果非得想用3年时间完成它，一定干不成，有的银行转型历程长达10年之久。转型要“自上而下”，层层推进，领导要先转型，然后带动领导层转型，最后推动整个组织转型。在这一过程中，一把手的作用无可替代，既要身体力行，又要掌控全局，还要塑造新的组织文化。同时，科学管控项目绩效，每一段时间都要能看到结果，速赢项目会不断增强大家的信心，确立阶段性的里程碑，让人看到希望。

当前，全球金融业正在经历一场前所未有的科技革命，传统意义上的金融业渐行渐远，而一个更富活力与效率的金融业渐行渐近。“互联网金融对商业银行的挑战不在于技术，而在于思想和观念。你可能很了解互联网，但是，如果没有互联网思维的话，在未来也会落伍”，2014年，姜建清站在中欧国际工商学院“大师讲堂”的讲台上，向来自中外的嘉宾谈论自己对互联网时代下工商银行发展的思考，“因此，要想再造一个全新的工商银行，不仅要利用互联网技术，更要引入互联网思维。”当银行面临互联网金融的挑战时，“无论是在思想上，还是在金融创新上，我们都早有准备”，姜建清信心满满地说。但是，“即使工商银行在以往信息化中取得了很大成就，但是仍然受到极大的挑战”，姜建清清楚地认识到，互联网金融生态中的消费者较大限度地掌握了信息的主动权，他们主动寻找自己想要的产品和服务，不太忠于自己的开户银行，也不一定听从银行销售人员的引导，所以，传统银行和客户的关系正在被破坏。而与此同时，银行还在对自己的过去发展成就形成路径依赖。姜建清特别强调：“对世界金融业而言，这是一次极富挑战性的转身。当前全球金融业站在同一起跑线上。不学则殆，不进则退。中国金融业应当在这个历史巨变中担当先行者，用实践和努力探索一条新路。”

金融和科技深度融合的新阶段

Fintech 这个词由金融“Finance”与科技“Technology”两个词合成而来，意思是“金融科技”，指代那些颠覆传统金融服务方式的科技。正如摩根大通 CEO 杰米·戴蒙所说：“硅谷已经加入战局，数以百计的初创公司手握人才与资金，正在谋求传统银行的替代方案。”如今，互联网企业涉足金融业务已成为热潮，特别是对商业银行的业务进行了全面渗透。这一渗透历程主要按以下轨迹演进：首先藉由蓬勃兴起的电子商务介入支付领域，在积累了大量的数据、资金和客户以后，逐步向融资领域、财富管理和综合金融服务领域渗透，出现了第三方支付、移动支付、网络借贷、众筹融资、互联网理财与保险、互联网金融门户网站、互联网货币。一些网络巨头也开始寻求线下发展，开办实体金融机构。比如，中国互联网巨头腾讯2014年设立了深圳前海微众银行，阿里巴巴2015年成立了浙江网商银行。

2015年11月，巴克莱银行前执行长安东尼·詹金斯表示，科技的发展使未来10年金融服务行业的员工和分支数量可能最多减少50%，以在科技带来的全面变革中求生存；即使在较不严酷的情况下，至少也会减少20%。科技是不可阻挡的力量，可以改善客户服务、风险管理和效率，并会有新的银行成为知名银行。麦肯锡的一项研究也指出，这场席卷全球的数字化风暴将让传统银行面临五大核心挑战：一是外部经济环境恶化，监管日益加强，对于中国银行业而言，挖掘潜在机会迫在眉睫。二是新兴金融科技公司正在各个细分领域侵占传统银行的核心业务并蚕食银行利润。新进入者以客户体验为导向、以数据技术为驱动和以互联网低成本扩张为手段，已经打破了银行的垄断局面。三是新生代用户的金融消费习惯更加看重方便、快捷和多渠道等数字化体验。四是新技术倒逼银行变革，也为银行变革提供条件。五是新商业模式正在颠覆银行传统业务，银行业已经全面步入数字化时代，客户要求银行以客户体验为中心，提供全渠道、无缝式和定制化的产品和服务。基于上述挑战，麦肯锡认为，传统银行只有一条路可走——实施以数字化战略为核心的组织转型和创新驱动。而对于中国传统的银行业而言，目前已经到了必须自我颠覆的时间窗口。

当前，全球金融业的发展面临着经济周期、行业周期和科技周期三个周期叠加的影响，正处于一个再平衡、再定位、再整合的新拐点。以云计算、移动互联、区块链和人工智能为代表的金融科技风起云涌，金融创新呈现出蓬勃生机，进入了金融和科技深度融合的新阶段，对传统金融经营模式甚至中介功能提出了挑战。

商业银行到了转型发展的关键时刻。如何认识金融科技发展带来的深远影响？如何看待新生的互联网金融？如何应对咄咄逼人的互联网巨头？传统银行业如何寻求突破和创新？“银行信息化的时代已经接近尾声，未来将加速进入信息化银行建设的崭新阶段”，姜建清呼吁，以移动互联网为代表的一些企业迅速向金融领域渗透、融合，催生了“互联网金融”。它打破了银行传统的行业界限和竞争格局，出现了商业银行去中介功能的新环境和新格局。姜建清认为，传统银行业必须客观、冷静地从外到内、从内到外地重新认知金融与科技的关系，才能够脱离原来的“路径依赖”，但金融科技的底色仍然是信用，关键仍然是风控，失去信用和风控的企业，无论故事讲得再好也必将会失败。

金融科技没有改变金融的本质功能

“金融科技是指将新的科技成果应用于金融领域，是金融与科技融合、创新发展的过程，从而对金融产生重大影响。世界上有金融和科技之后，就出现了科技在金融上的应用。金融科技不断完善、进化，逐步改变金融的业务模式、产品、服务和流程。每个时代的金融科技都具有鲜明的时代特征，今天的金融科技是漫长金融科技发展史上的一个重要阶段。”姜建清强调，“不少人给新型金融科技企业贴上了‘创新者’‘颠覆者’的标签，同时认为金融业是个传统色彩很浓的行业。实际上，金融业在科技应用方面从来不是保守者、落伍者，而是最早的实践者、改革者、推动者。中国金融业的科技革命，一直在静悄悄地进行。”

一部金融发展史就是金融不断创新的过程。随着移动互联网的发展，面对大量跨界机构进入金融领域，姜建清指出，金融科技革命已经引发了货币形态从实物货币向虚拟货币方向发展；银行的功能从支付融资中介向信息中介方向发展；柜台服务从“人—人”对话向“人—机”对话方向发展。金融与科技之所以能紧密融合，在于金融业本身是信息数据行业，依赖数据并据以决策。金融与科技具有天然的耦合性，两者记载和处理的核心都是“符号+数字”。金融主动拥抱科技，是金融竞争推动的结果，探寻新的商业模式和新的增长点是金融创新的直接诱因。随着现代科技的进步，金融和科技的结合越来越紧密，几乎所有的金融创新背后都可以找到技术因素的支撑。金融业利用科技创新产品和服务，也对科技提出了个性化要求。科技的优势也成为新型金融科技企业打入金融圈的利器。它们以强大的信息收集、处理和学习能力及对特定市场的聚焦，通过降低成本、提供便利、重塑业务流程、创新金融模式，推进了金融竞争及金融普惠。金融业和新型金融科技企业从两端驱动，加快了金融与科技融合的速度，有利于提高金融效率、改善社会福利，更好地服务社会经济。

经历了电子银行、网络银行、移动银行后，银行业已经全面步入数字化银行时代。银行以前的互联网金融主要体现为互联网对金融功能的沿袭，通过技术改造把金融业务搬到网上，把“砖头”变成“鼠标”，但没有创造出新型的金融形态。今天的金融科技本质上是一场关于金融信息的传输、接收、分析、处理技术的革命，它借助数据技术优势，从掌握商品流、资金流、信息流数据，延伸至支付、融资、投资等金融核心业务领域，在金融与科技融合过程中实现了商业模式的创新。例如，银行业支付清算、资产转化、风险管理和信息处理四大功能出现融合趋势，不再是单一地发挥作用，形成了场景金融，创造出新的金融业态，传统金融行业的界限和市场格局被打破。信用卡业务被无卡支付、手机扫码等方式所分流，柜台业务被移动线上支付所替代，支付账户与资金理财结合，兼顾流动性、便利性和效益性。融资业务领域也呈现多元竞争格局。社会对金融的传统认识有所改变，金融业原有的规模、地域、网点等优势正在减弱。市场正在分化并快速演进，消费者较大程度地掌握了信息的主动权，他们主动地寻找自己想要的产品和服务。“他们愿意学习和尝试新的金融科技”，姜建清说，“变化比人们想象的还要快。”

全球金融业的发展已经进入一个新周期，金融业和新型金融科技企业均面临着巨大的发展机遇。金融业会加大科技投资，对金融科技发展更加敏锐；跨界企业会掌握金融技能，重视风险控制。两者互相学习，竞争和合作的现象将交替出现。人们为今天的金融科技赞叹、欢呼，但明天、后天会有更新、更难以预见的金融科技诞生，可以预见变化的周期会越来越短。它们必然会一次次冲击现有的金融业态，对金融业形成长期的、深刻的挑战，同时推动金融业的进化。金融业的资产负债结构会有所变化，直接、间接融资的比重会有所变化，金融业的组织形态和服务模式会有所变化，但金融科技没有改变金融的本质与功能。金融与科技的融合一直是金融为本、科技为器。迄今为止，金融科技虽然改变了金融交易的载体、渠道和技术，提高了交易效率，但没有改变商业的目的和对象，也没有改变金融的本质和功能。金融竞争的真正优势不在于昂贵的硬件设备、复杂的算法模型和天量的数据信息，也不在于机构网点的众多或资产实力的强大，而更多依靠品牌（信任）、客户（流量和规模）、管理（风控）和信息（数据基础）方面的综合竞争优势。

在新的金融科技周期里，金融业与新型金融科技企业殊途同归，在两端隔墙相望。能最大限度地服务客户，并最终能控制风险的金融服务企业才是最后的成功者。市场参与者和监管者开始认识到金融功能和服务本源，认识到线上线下无缝连接、尊重客户体验的重要性，认识到监管领域的技术构成也需同步提升。金融科技没有改变金融业的风险属性。当前金融规模总量更大、结构更复杂。金融科技发展导致的开放、高效、关联、互通，也使金融风险更隐蔽、传递更迅速。金融科技监管的过分滞后和过分提前，都会在产生混乱或阻滞创新两端摇摆。认识到风险管理和匹配资金的能力、效率和质量才是取胜的根本。认识到金融业必须为实体经济服务，金融创新要促进金融普惠性，不能推高金融交易成本；认识到金融业作为特殊行业，必须履行信托责任，必须平衡好收益与风险、便捷与安全、创新与合规、当前与长远的关系。“任何机构都没有永存的优势，不适合时代和行业发展的金融机构和跨界企业会消失，但金融中介不会消失，金融功能不可或缺。”姜建清特别强调。

金融业要因需而变和因势而变

近年来，金融机构自身的变化同样巨大，利用金融科技实现了工厂化、集约化运营，提升了效率、降低了成本。同样，金融机构人员承担了比以前多了几十倍的业务量。大量员工从中后台转移到前台服务和营销岗位，人力资源的潜能得到释放。金融服务移动化、智能化和便捷化，导致金融消费与渠道发生了变化，客户离店化趋势已不可阻挡。目前，中国银行业的电子银行业务替代率普遍达到

90%以上，客户到银行柜台办理业务的比例逐年递减。新的金融市场格局正处于大变革、大整合、大演化的阶段。金融机构借助大数据技术，形成客户状况的全景视图，通过挖掘、分析客户的行为特点和交易习惯，识别真实需求，为精准营销提供数据支持。数字化信贷通过对异常信息的准确识别，使风险控制从单客户、单品种、局部化、碎片化的管理方式，向业务关联、上下游联动、跨账户交易的数据风控方式转变。实现了资产安全转换、风险定价和资本配置。金融科技改善了长尾客户的服务供给和适应了小微企业小额高频、期短急迫的融资特点。世纪之交时，曾有人预言传统金融业将成为21世纪的“恐龙”，会在金融脱媒和网络技术的双重挤压下走向灭亡。可是，20多年过去了，金融业依然发挥着资源配置的主导地位。这在于金融业的持续变革与转型，归功于金融科技深入而广泛的应用，使金融创新服务和风险管理模式的重构成为一种可能。大部分金融创新的门槛并不高，关键在于认识、决心和执行，在于商业模式的创新，在于应用场景的创新。但在复杂、多样、多变的经营环境下，金融业并不是高枕无忧的，金融科技所带来的金融竞争越来越激烈，传统的经营方式、风控模式和数据应用也越来越不适应外部变化了。姜建清强调，金融业现有的信用、信息和风控的传统优势，现有的支付中介、融资中介和信息中介的优势地位，必须得到持续巩固。

世界在变化，金融必须变化。“金融业在未来竞争中会不会保持优势，关键在于与时俱进”，姜建清强调，“在这个快速变化的时代，不能因自身已经取得的金融科技成就而形成路径依赖，只有因需而变、因势而变、适应消费者需求才能生存。任何思维方式固化、习惯路径依赖、不适应数据信息时代生存环境的金融机构都将成为竞争中的失利者。”科技发展及与金融的融合，会推动金融业态发生根本性改变。谈及未来金融科技的发展趋势时，姜建清预测，在融资领域，大数据技术和人工智能会显著提升资产转化能力，风险管理将实现质的改变。信贷决策不能仅依靠实践和积累经验的传统做法。通过 AI（人工智能）自我学习和积累经验，利用深度神经网络，模拟人脑的机制判断，运用大数据提升风险甄别、监测、核算和定价能力。智能投顾和程序化交易在资产管理、保险咨询、金融市场和私人银行业务领域将取代人工服务，通过大数据分析、量化投资模型、智能化算法，根据投资者的风险偏好、财务状况、预期收益目标等理论模型，为客户制定个性化的组合资产配置方案。区块链技术不仅会在支付、交易等多金融领域提升安全性，甚至可能改变现有的金融体系架构和基础设施。VR（虚拟现实）技术会在信贷现场调查等领域崭露头角，非结构化的图像数据为远程决策者提供身临其境的感受。大数据建模分析会发现市场潜在的金融需求，有针对性地为客户提供金融服务。人工智能和机器学习技术加强了金融业获取、转化数据的能力，人们要通过数据提高洞察力，从数据中攫取价值。金融业去机构、去人工已是一个渐进的、不可逆转的趋势。传统金融柜台的营业服务模式将有巨大改变。另外，更大的变革是在货币领域。数千年来，人类经历了从金银到铸币到纸币再到电子转账货币的历史，数字货币将第一次作为主权货币形态出现，又将给社会和金融业带来一系列极其深远的变化。

未来的金融业不是一个场所的概念。唯有适应新环境，持续转型、进化和创新的金融机构才能立于不败之地。“金融业是一个讲求平衡的行业，要求金融业管理者必须平衡好收益与风险的关系，长期与短期的关系，规模、速度与质量的关系，切忌过分追求短期功利。金融家俱乐部不欣赏百米短跑选手，尊重的是马拉松冠军。”姜建清说。因此，姜建清特别强调金融家需要因势因需而变，他指出：“当前全球金融业站在同一起跑线上。中国金融业应当在这个历史巨变中担当先行者，用实践和努力探索出一条新路。”

从银行信息化向信息化银行转型

“任何商业活动都源于信息不对称。现代商业竞争的本质是对信息的争夺。谁能够最大限度地掌控和利用信息资源，谁就必将成为商业的强者”，姜建清在很多场合下多次强调，“企业家的价值就是在于寻找、发现并捕捉到这些不对称信息中蕴含的商机。”近二三十年是银行信息化的阶段，不断地从局部的一个个机构、一项项业务发展到业务线，最后变成一个高度电子化的、整体的商业银行。以中国工商银行为例，这种变化体现在五个方面。

一是实现了信息集中。中国工商银行在国内同业中最早完成了全行数据大集中，实现了境内外所有分支机构及集团子公司各类数据的集中处理和统一管理，从而由过去因信息分割而造成事实上的成千上万家“小银行”的集合体，整合成真正意义上的一家大银行。全行数据中心日均处理业务量达 2.15 亿笔，日峰值业务量为 2.54 亿笔。整体搭建了“两地三中心”的科技运行架构，2002 年在北京、上海建立了“一主一备”两个集中式大型数据中心；之后，又建成“两地三中心”，能做到发生灾难时快速恢复生产运行及数据的零损失切换，进一步提升了信息系统风险防范和业务连续性运行水平，这一科技成果处于全球金融业领先水平。

二是实现了大数据积累。中国工商银行建立了统一的数据仓库和集团信息库两个大数据基础平台，实现了客户信息、账户信息、产品信息、交易信息、管理信息等内容的集中管理，信息系统中存储的数据量达到700万GB，包含客户、柜员、各有关机构的交易行为、关联性和交易习惯等大量有价值的信息。仅以客户信用记录为例，工商银行对4.52亿个人客户和460万法人客户的客户违约率和违约损失率数据的完整积累长度分别超过了8年和6年。此外，影像、语音等非结构化数据每年以接近50%的速度增长。

三是实现了运营集约化。按照“集约运营、服务共享”的理念和打造“流程银行”的目标，中国工商银行先后建立了业务集中处理中心、金融交易中心、单证中心、报表中心、电子银行中心、电话银行中心、短信平台、远程授权中心、信贷监测中心等集约化营运中心，改变了传统分散式的作业模式，实现了业务处理工厂化、集中化和规范化，使数万名员工从中后台转移到前台服务和营销岗位，不仅大幅度提升了业务运营效率和降低了运营成本，而且促进了柜面服务响应能力和服务质量的提高。

四是实现了管理现代化。中国工商银行开发、应用了一系列管理系统，持续推动了管理创新，提高了经营效率。比如，建立满足新资本协议要求，覆盖信用、市场和操作三大领域的风险管理体系，实现了全面风险计量和控制；开发、应用了新一代监督系统，依托对客户交易习惯和历史数据的系统分析，编制了数百个智能化监督模型，实现了对各类风险特征的全景展现，进而对不同程度风险采取不同监督手段，从根本上改变了沿袭多年的业务复审模式，实现了更为精准的业务监督；基于价值管理理念开发、应用了新的绩效考核系统，从机构、部门、产品、客户、员工五个维度构建起完整的绩效评价体系，为各级机构的客户营销、经营分析及资源配置提供了综合性的解决方案，有效激发了经营活力和价值创造力；开发了全行共享的全球信息资讯平台，通过对行内外商务信息的统一采集和深度挖掘，为不同部门、分行和境内外机构之间搭建了联动营销通道，也帮助客户更加及时、全面地了解市场动向、把握商机。

五是实现了服务信息化。以网上银行为主的电子银行已发展成为全行交易型业务的主渠道，大多数的理财、基金等产品均是通过网络渠道销售的，其中，外汇、贵金属等交易量的占比更是高达 99% 以上。2013 年网上银行交易额达到 380 万亿元，自 2000 年以来的年复合增长率达到 50%。应该说，这些年商业银行电子银行服务体系的建立和快速发展，对培育互联网金融文化和客户互联网金融的消费习惯起到了重要作用。

但是，姜建清也看到，过去银行信息化的道路现在已经接近尾声。在面临支付脱媒、融资脱媒挑战的同时，银行还面临着更深层次的信息脱媒挑战。今天的互联网金融借助大数据、云计算、社交网络和搜索引擎等信息技术优势，从商品流掌握到企业的资金流、信息流，再延伸至银行支付、融资等业务领域，打破了传统的金融行业界限和竞争格局，这绝不是简单的技术叠加或替代，更多的是对商业银行经营模式甚至是中介功能的全面冲击。姜建清认为，这种挑战归根结底，就是互联网思维的挑战，“现在互联网金融的市场是消费者的市场，适者生存就是适应消费者的需求才能生存。因此，我们面临着决策思路由外而内的变革挑战”。传统的金融中介会不会因为互联网的兴起而被“颠覆”？姜建清认为传统银行也有优势。

一是长期积累形成的信息优势。银行在长期承担信用中介的过程中，依托在资金流动中的枢纽地位，成为经济信息的重要汇集点，逐步积累了基于个人、企业资金及账户活动的大量有价值数据。这些数据积累时间长，全面反映了各类社会经济主体生产、交易、投资等行为的历史明细、习惯特征和违约记录等，具有完整性、准确性、结构化和历史长度等优势，一般是金融、财务、生产和市场类及信用违约等“强数据”，较难通过互联网等公众渠道获得。这易使银行进行低成本的挖掘使用，使银行的风险管理具有可靠性和成本竞争力。商业银行利用这些信息资源，在一定程度上解决了信用活动中的信息不对称问题，完成由存款向贷款转换的关键一跃，降低了买卖双方之间的交易成本和信息博弈成本，平衡利益和风险并增加双方的收益，促进资金供求双方有效匹配。银行通过信息优势向信息贫乏一方传递可靠信息而在市场中获益。在信息化社会，经济的深度和广度日益扩大，信息量日益庞大，信息的断裂和不对称等状况日益严重，信息成本越来越高，因而市场中介是不可缺少的。

二是长期积累形成的信用优势。现代银行制度形成以后，信用经济得到极大发展。银行经历了长期积累与完善，形成了以社会广泛信任为基础、以经营信用为主要业务的专业中介模式，建立起安全、可靠的信用风险管理体系。商业银行的中介功能弥补了借贷双方巨大的信用鸿沟。同时，重任在肩的银行也须接受审慎监管。社会需要对金融机构实行特许经营、严格准入和严格监管。确立高标准的资本和流动性比例、设立严苛的合规标准及风险内控要求，通过宏微观审慎管理，维系信用经济的正常运转和金融体系的稳定。维持稳健运营的金融监管体系，既对银行的经营行为构成了稳健性约束，也隐含着对银行经营损失的充足准备，以保护人民大众的资金安全，为广大银行客户增添了一把重要的信用保护伞。至今，全球银行类金融中介仍在有效发挥作用，没有任何消亡迹象。金融机构不乏百年老店，正因稳健经营，注重信誉品牌，加强信息披露，通过传递“公正和信任”的信号，降低了消费者的“获得成本”。

三是长期承担的资产转化职能，打造了银行的专业管理和风险控制基因。当代银行理论将银行的职能定位于提供支付、资产转化、风险管理和信息处理及监督借款人，其中核心的功能是资产转化。无论是单位币值转化、特性转化和期限转化，都是银行作为中介，在存款人和贷款人之间实现了聚小贷大、积短贷长的转换，实现资金在空间、时间上的跨越和形态的改变，成为推动社会生产力发展的重要动力。资产转化的核心是经营风险，相比高收益，人们更厌恶风险。资产转化过程就是风险管理过程。发展中国家在向市场经济转型的过程中，各类欺诈风险较高，道德风险居高不下，信用市场摩擦和交易成本很高，对银行的风险管理要求尤其高。要减少风险，有效实现风险规避、消除、转移或处理，需有风险控制技能、团队和经验，需有完备的金融基础设施，需有信息数据积累和处理分析能力，掌握比交易对手更充分、有效的信息。随着金融工具日益复杂，金融市场的广度、深度不断增大，风险甄别、监测、处置的核心能力也要持续提高，成本核算和资产定价能力持续提高。银行也需要持续进行技术和人才投资，保持资产转化和风险管理的优势。

面对新的变化与挑战，姜建清提出，商业银行唯有依托优势，因势而变、因需而变，加快向信息化银行转型，才能再造银行竞争力，在未来竞争中保持战略优势。从 2013 年起，工商银行启动了战略转型，从银行信息化转为信息化银行。

从银行信息化到信息化银行，不是简单的词语顺序变化，不是简单的信息技术升级和应用拓展，而是通过信息的集中、整合、共享、挖掘，使银行整个经营决策和战略制定从经验依赖向数据依据转化，是建立在银行信息化基础上的银行经营管理质态的一种根本性改变，是更高层次的银行信息化阶段。其特征可归纳为“5个I”，即信息共享（Information-sharing）、互联互通（Interconnected）、整合创新（Integrated）、智慧管理（Intelligent）和价值创造（Increment-valued）。姜建清说：“这个转型是要通过信息的集中、整合、共享、挖掘，让银行的经营决策和战略制定，从依赖经验向依赖数据转化。因此，我们要建立分析数据的习惯，重视大数据的开发和利用。坚持客户和市场为中心，以信息流为导向、资金流为主线、物流为基础，以网络化、便捷化和客户自定义的移动银行为方向，重构银行体系，将银行从支付和融资中介转向综合信息中介。”

第一，信息共享（Information-sharing）。信息化银行能够持续从广泛的来源获取、量度、建模、处理、分析大容量多类型信息，增强银行信息获取的完整性，完善结构化与非结构化数据，并应用于银行的经营实践。通过各类信息的“融会贯通”，促进信息在全行的传导与应用，丰富信息的使用方式，实现行内外各类信息的集中、整合、共享、挖掘应用，实现信息资源在银行中最广领域、最高层次、最大价值的全方位、全过程应用，使信息资源成为经营发展中起决定性作用的重要生产要素，使信息技术不再仅是跟随业务发展的辅助手段和支持工具，而成为业务创新、市场开拓、风险管理等工作中不可或缺的重要组成部分。

第二，互联互通（Interconnected）。要改变目前银行的系统和信息在跨部门、跨机构之间存在割裂、流转不畅的局面，基于“以客户为中心”和“One Bank”

的理念，推进产品设计、业务运营、客户服务等各项经营管理活动的“统一口径、统一管理”，实现前中后台贯通、各渠道协同、各机构联动，保证业务流程高效畅通。

第三，整合创新（Integrated）。要建设具有高度灵活性和可配置性的产品应用架构体系，推动信息流、业务流和资金流的深度整合和无障碍流动。例如，一个核心企业的产业链上会有几百个上下游的企业与其有密切的产销联系；几百个上下游企业之间又跟其他的产业链形成密切的合作关系，这种复杂的关系超越了孤立的经度和纬度，形成类似蜘蛛网式或集成电路式的关系，就需要用大数据处理和整合核心企业与其上下游企业之间的资金流、物流、服务流等信息，打通全流程的金融服务链条。

第四，智慧管理（Intelligent）。主要是充分利用数据挖掘和分析工具，智能分析海量的结构化和非结构化数据，依此判断市场、精准营销、评估风险、配置资源，改变过去银行经营管理更多依赖经验和直觉的状况，实现复杂环境下的科学管理。而且对数据的利用不再是从下至上被动发起，而是从上至下主动推送，为业务和前台各项经营活动提供数据分析支持，变被动响应为主动引导经营活动。

第五，价值创造（Increment-valued）。信息化银行要能够最大程度上把那些信息不对称的需求和供应方撮合起来，转化为实际的业务竞争优势。要建立涵盖金融服务、交易平台支持、资讯增值服务等一体化的信息综合服务体系，把海量客户信息、宏观经济金融运行信息和银行的资金与服务融合起来，据此发现经济生活中的供给方和需求方，并撮合宏观、微观经济中交易的实现，使信息应用在最大程度上转换为实际的商业行动。

姜建清呼吁，信息化能力建设事关商业银行未来深层发展的基础和根本，商业银行要从平台、数据、金融三方面入手，尽快从支付中介、融资中介向信息中介升级，建设信息化银行。首先，商业银行要建立起高效的信息平台，不仅要成为金融服务提供商，还要成为经济体系中重要的信息服务提供商，通过经济活动各个环节的交易信息、金融信息、物流信息等信息资源的积累，利用大数据处理和数学建模分析，发现市场潜在的金融需求，从而更有针对性地为客户提供金融服务。其次，商业银行要打造完备的数据基础。把数据仓库构建好，包括对各种结构化、非结构化的数据进行挖掘和分析，将数据作为判断市场、精准营销、发现价格、评估风险、配置资源的重要依据，实现数据共享。最后，商业银行要主动融入互联网的金融变局，吸收信息技术创新发展成果，推进金融产品和服务的创新。借助大数据技术强大的数据分析能力，推出新产品、新服务，扩大服务范围，有效增加在传统业务模式下容易被忽视的长尾客户的服务供给，有效提高客户的金融服务体验，促进金融体系运作效率的提升。

用大数据技术打造信息竞争力

作为国内银行业中信息技术的引领者，工商银行信息化建设的历程可以看作我国银行业现代信息技术创新发展史的一个缩影。工商银行自 1984 年成立以来，走过了从一把算盘、一支笔的手工操作，到微机单兵作战，到大机延伸，再到数据大集中和电子化网络的发展道路，并先后自主研发、推出多代核心应用系统，奠定了在国内同业中信息科技的领先优势，已基本完成了银行信息化建设目标。

因此，对于工商银行而言，真正的挑战并不是来自跨界竞争者，而是自己能否更好地适应互联网时代的金融生态环境和拥抱客户的需求变化，以创新、进取的心态拥抱技术变革新趋势。姜建清号召员工“面对汹涌澎湃的互联网金融浪潮，全行要站在信息化银行建设的新高度，加快摆脱传统观念的束缚，超越思维定势的局限，打破对常规路径的依赖，树立敢为天下先的志向和信心，勇于走别人没有走过的路，以互联网金融的新创造、新实践开辟工商银行改革发展的新境界、新气象”。

在对互联网金融发展进行深入研究的基础上，2014 年工商银行将“互联网金融”作为全行 18 项改革创新任务之一，成立专门工作领导小组和跨部门团队，进一步明确了全行互联网金融建设的总体任务——年内初步构建集支付、融资、金融交易、商务、信息五大功能于一体的、较为完备的互联网金融服务和运营体系，争取通过几年超常规发展，牢固确立在互联网金融领域的领军者地位，打造全新的 e-ICBC。为此，重点完成四项工作：第一，建设三大平台，包括通过电商平台把控住商品流、信息流、资金流，转型成为“金融 + 信息”服务提供商；打造开放式、快捷购买的精品业务直销银行平台；建设自有的即时通信平台，留住客户信息，依托其实现客户信息推送、客户管理和客户交易。第二，加快三大产品线建设，按照“小额讲便利、大额讲安全”的原则，打造新的支付产品线；充分发挥自身优势，从流程、机制、制度等方面抓紧对融资产品线进行互联网化改造，真正成为互联网融资市场的引领者；加快投资理财产品线的创新和改造，打造互联网理财领先品牌。第三，构建“任意一点接入、线上线下互联互通、全程响应”的一体化服务体系，把强大的落地服务与高效的线上服务结合好，打造出互联网企业无法媲美的服务体验。第四，建立健全大数据应用机制，加大对各类数据深层次、多维度的挖掘和分析，真正使数据成为提高竞争力和经济价值的生产因素。

2015 年，姜建清在中国工商银行互联网金融产品发布会上的致辞中总结道，经过一年的发展，工商银行已初步构建起了较为完备的互联网金融服务和运营体系，主要包括电商平台、即时通信平台和直销银行平台“三大平台”，支付产品、融资产品和投资理财产品“三大产品线”，以及高效协同、无缝对接的线上线下一体化服务体系。一大批互联网金融产品服务陆续投放市场，正在形成规模效应和爆发式增长。如 B2C 电商平台“融 e 购”，在对外营业 14 个月时间，其注册用户已达1600万人，累计交易金额突破1000亿元，交易量进入国内十大电商之列。按以往经验，年交易规模达到 100 亿元，一般电商需要 7 年，“融 e 购”仅用了 204 天；注册客户数达到 1000 万人，一般电商至少需要 3 年，“融 e 购”仅历时 10 个月。具有小额、快捷特点的新型支付产品“工银 e 支付”经过一年的拓展，账户数超过 5000 万户，交易额达到 650 亿元，其每秒钟 1120 万笔的并发交易处理能力在业内首屈一指。基于客户线上线下直接消费的信用贷款产品“逸贷”余额超过 1700 亿元，2014 年累放 2300 亿元，与全国 P2P 网贷成交额之和基本相当。截至 2015 年 4 月，契合小微企业“短、频、急”融资需求的互联网贷款产品“网贷通”，已累计向 6.9 个万客户发放贷款 1.6 万亿元，余额近 2500 亿元，是国内单体金额最大的网络融资产品。用于贵金属、原油等投资交易的“工银 e 投资”交易终端用户超过 15 万户，是国内银行业唯一面向个人投资者的投资交易平台。工商银行针对年轻客户群体推出了“大学生 e 服务”，针对商旅客户打造了“商友俱乐部”平台，契合不同客户群体需求的差异化服务得到较快发展。e-ICBC 的良好开局令工商银行全体成员深受鼓舞，互联网金融的广阔前景更让人振奋。随着国家促进互联网金融发展战略的实施，以及相关政策和监管法规框架的日益完善，互联网金融的发展将更加规范、健康，成为我国经济中最具增长潜力和活力的重要领域。未来，工商银行将在已经搭建的互联网金融基础架构之上，积极把握前沿信息科技发展成果，更加敏于客户体验、长于创新研发，加快推动 e-ICBC 从单项产品创新向整体服务创新升级发展，积极打造一个以平台战略为牵引、以智能金融服务为重点、以线上线下交互为特色、以大数据全面应用为支撑的金融服务新模式，努力在新一轮互联网金融的棋局中刻下鲜明的“工商银行印记”！

2016 年年底，工商银行进一步提出主动布局金融科技相关新技术领域研究，包括物联网、区块链、生物识别、大数据、人工智能、云计算、互联网金融、数字货币、数字化银行等。2017 年 3 月，工商银行完成了七大创新实验室的组建，其中软件开发中心负责数字化银行创新实验室、区块链与生物识别创新实验室、大数据与人工智能创新实验室、互联网金融创新实验室和云计算创新实验室，数据中心（上海）负责主机平台网络、机房设备创新实验室和基础设施信息科技创新实验室。创新实验室将按照“加速创新、引领发展”的指导思想，深入开展新技术的研究及探索，根据应用前景推动新技术的落地实施，实现前瞻性研究成果的价值转化。同时，促进金融创新，支持全行向数字化、线上化和智能化方向转型，进一步支撑以“开放、互联、融合、共享”为标志的信息化银行建设，全面增强工商银行信息化发展的能力。

在电子商务平台“融 e 购”上线四个月时，姜建清就说：“我们的大数据分析做得不够。我很少看到从这个平台出来大量非常好的数据分析报告。这是缺乏互联网思维的表现。”作为工商银行信息化的掌舵者，姜建清一直就是用这样的方式毫不留情地“鞭策”着工商银行金融信息科技的不断发展。“用大数据技术创造信息竞争力”，姜建清强调说，“资金本来就从银行体系出发，经过周转又回到了银行。因此银行本质上应该能掌握资金流、物流、信息流。如果我们能打通‘三流’，并在其中充当信息中介，那么转化信息就能创造价值。我甚至预见有一天，我们从信息转化中获得的价值大于从事资金转化所获得价值。那时候，我们就是真正的信息化银行了。”

第六章

跟随客户“走出去”

20 世纪 80 年代以来，经济全球化再次成为支配世界发展的主要趋势。经济全球化的动力机制既来源于以跨国公司为代表的市场力量，它加速了商品、服务和生产要素的跨国界流动，以及国际化生产经营在全球的扩展；又来源于西方发达国家极力推行贸易投资自由化的种种努力，以及全球资源配置所进行的各种经济合作、协调机制和国际组织的作用。其重要特征之一就是跨国公司蓬勃发展，并日益成为全球经济发展的主导力量。如果说在经济全球化以前，由于生产要素流动困难和交易成本居高不下，跨国经营只是个别企业特殊的成长方式，随着经济全球化和信息技术的飞速发展，企业的成长模式也在发生着深刻的变革。企业只有在全球范围内配置生产要素和重组产业链，才能使自身更具竞争力，更能发挥比较优势。

随着中国金融体制改革和国有银行股份制改造的完成，中国金融市场已经形成了“你中有我、我中有你、相互竞争、相互合作”的格局，几乎每一家主要的中资金融机构都有国际著名金融机构的投资，几乎每一家主要的国际著名金融机构也都在中国有分支机构在经营，几乎每一家主要的中资金融机构也都同时接受中国和国际金融监管机构的监管。中国的金融机构正是在竞争与合作并存的形势下迅速地学习国际最佳实践经验，使中国金融机构的核心竞争力不断提高，中国金融市场和金融监管的水平不断升华。与此同时，尽管国内的增长前景很好，中国的银行业开始希望寻求海外收购和设立分支机构，以加速自身的发展，适应经济全球化的需要。

2015年，韬睿惠悦（Towers Watson）人才与奖酬咨询全球董事总经理朱莉·盖博尔在接受《哈佛商业评论》的专访时表示，中国企业在国际化发展过程中，跨文化和人才管理是关键挑战。中国金融业市场环境的迅速变化和金融业对外开放的全面推进，使金融业发展面临经营国际化、客户需求多元化、产品创新复杂化和市场竞争日益强化的趋势，中国金融业必须拥有大量精通国际金融市场、金融业经营管理及外语、法律、会计等专业知识的高端人才，发展全球领导力已经成为中国金融企业拥抱全球化过程中所面临的最大挑战之一。DDI（美国智睿咨询有限公司旗下品牌）在针对全球13000多位领导者所进行的调研中发现，卓越的全球领导者除了具备领导者基本的特质外，还应该具有全球敏锐度、跨文化能力、积极的态度等特质。全球敏锐度要求领导者不仅了解所运营市场的经济、政治、文化环境，而且能够对其加以利用，实施商业战略，并发现新的商业机会。跨文化能力是指能够尊重多样性、理解文化异同的能力。领导者在进入新的市场时，首先要有一颗好奇心，驱使自己去探索不同的文化，欣赏文化的多样性。此外，最重要的是要懂得如何利用文化的异同与多样性，将自己的绩效达到最大化。全球市场的运营将面临更大的不确定性，卓有成效的领导者应具有高度的学习热情，愿意为解决问题寻找有效方案。宝洁前CEO雷富礼来到中国后，做的第一件事情是花好几个小时逛超市，借此了解中国消费者的行为。为了了解员工的生活方式和消费行为，晚上他还去员工家里吃饭。

“中国从对外贸易逐步走向对外投资是发达经济体走过的必经之路”，姜建清通过研究指出，“诺贝尔经济学奖获得者斯蒂格勒曾说，没有一家美国公司不是通过购并成长起来的。在中国这句话基本可以倒过来讲——没有一家大公司是通过购并成长起来的。且不要说这么多中国的央企、大银行是内生成长，哪怕像华为、万达、阿里巴巴也是内生成长，它们买了哪几个大的能讲得出来的公司？几乎没有。当然现在，一个黄金时代开始了。”姜建清研究后发现，一般金融领域的并购占全球并购的10%~20%，全世界的大银行都是通过并购成长起来的。西班牙有一家银行叫BBA，差不多在150年历史里经历了150多次并购，汇丰银行从1980年到2008年经过了365次并购，其中被搁置或者没有完成的并购是138次。分析、总结世界主要跨国银行的兴衰成败，依然是姜建清指导工商银行走向国际化的重要借鉴。

从企业走出去到银行走出去

改革开放以来，中国经济一直保持着健康、快速的发展势头，国家总体经济实力迅速增强。从1998年开始，中国政府提出实施“走出去”战略，党的十六大又进一步做出鼓励中国企业“走出去”的战略决策，为我国企业加速拓展国际生存空间提供了政策和理论依据。随着中国加入WTO，中国对外贸易保持迅猛增长的同时，“走出去”的企业也迅速增加。众多外向型企业迫切需要金融机构能够提供全方位的金融服务以满足其国际化发展需要。从个人客户需求看，国内居民跨币种、跨国境的金融服务需求正在迅速增长，海外华人回国投资理财的需求不断扩大，而国内居民出境旅游、海外留学的需求也快速上升。姜建清审时度势，从宏观和微观的角度指出中资银行必须走出去。

从金融与经济的宏观视角而言，客户跨境金融服务需求的快速增长使推进国际化发展成为中资银行的必然选择，中国银行业国际化已成为一种不可逆转的潮流。一方面，经济决定金融，客户需求决定银行服务供给，如果不能提供高效、优质、全面的跨境金融服务，中资银行不但无法有效满足客户的国际化服务需求，甚至还会影响到在国内市场的竞争优势。另一方面，金融反作用于经济，如果不能有效满足经济“走出去”的金融服务需求，中国的经济难以实现走向世界的目标，统筹国际、国内两个市场的科学发展理念将难以实现。银行业国际化程度的高低和国际竞争力的强弱是体现一国金融竞争力的重要方面，因此，为顺应我国经济金融改革开放的大趋势，全面提升国家综合竞争力，有必要尽快构建与国家综合实力相适应、相匹配、具有国际竞争力和影响力的银行体系，全面提升我国的综合竞争力。因此，推进国际化发展成为中资银行适应客户服务需求国际化、助推中国经济“走出去”的必然选择。

从中资银行经营的微观角度而言，通过国际化发展提升自身竞争力的内在要求日益迫切。我国实行改革开放的政策后，特别是我国加入 WTO 后，外资银行纷纷进入国内，与国内银行抢占优质客户，竞争日益激烈。但是，国际化是双向的，不单单是外国银行进入中国，本土商业银行要想获得更大的优势和发展机遇，必须走出国门，以全球市场为经营目标。我国实体经济的“走出去”及一批中国跨国公司的产生，既为中国金融业的崛起提供了可能，也对进一步增强中国金融竞争力提出了客观要求。长期偏安于本土的中国商业银行纷纷开始迈上国际化征程，以成为具有竞争优势的全球化银行为其终极目标。具体主要体现在以下几个方面：一是寻求新的业务增长点。自20世纪90年代以来，欧美等发达经济体相继步入成熟期，银行业主要依靠向国际市场的扩展来维持盈利的相对平稳。亚太、拉美、非洲等新兴市场经济体的高速成长和银行业的迅速开放为国际银行业带来了广阔发展空间，逐步成为跨国银行境外拓展的首选目标和重要收入来源地。近年来，中国经济也逐步走向成熟，本土经营的盈利空间有所收窄，中国银行业在立足本土经营的基础上，也需要通过加快在境外市场特别是新兴市场的扩张，增加新的收入来源。二是通过市场多元化，可以分散风险。不少国际大型银行在营业收入中一般有近半甚至高达70%～80%的部分来自本土之外，相对来说，中资银行的资产和收入则更多集中在本土市场。尽管我国的经济仍保持着较高速度的稳定发展，但任何一个经济实体都难以完全避免经济周期波动带来的影响。中资银行通过推进业务经营的全球化布局有助于分散风险，实现盈利成长性与平稳性的平衡。三是加快战略转型。在中国银行业市场逐渐全面开放的背景下，国内竞争国际化的趋势日益升级，利率市场化和金融脱媒化已是大势所趋，中资商业银行必须通过加快推进战略转型来应对利差收窄带来的收益下降风险，提升自身的竞争能力。在上述形势下，中资银行特别是大型中资银行，通过加快国际化拓展步伐、建立国际化业务和网络体系、积累国际化管理经验，可以更好地实现组织架构、业务结构和治理机制等诸多方面的转型与完善，最终建设成为国际一流的现代商业银行。

多种因素综合驱动跨国银行发展

跨国银行的发展类型与其所处历史阶段、经济条件、金融环境密切相关。姜建清研究发现，不同的历史节点推动跨国银行形成的因素不同。传统欧美跨国银行或依托殖民地扩张，或借助欧洲货币市场发展，或利用石油美元的兴起等机遇实现全球布局。但是，今天和今后跨国银行的发展更多是投资、贸易、技术、区域一体化等多种因素综合驱动的结果。

英国、法国等老牌跨国银行的最初国际化的动因和发展主要是靠本国经济的迅速扩张、政治地位的崛起及殖民主义势力的延伸。19 世纪英国殖民地遍及美洲、非洲、亚洲，英国金融机构凭借英国的霸主地位在全球广泛设立分支机构。1865 年，英国银行业在世界各地仅有 240 家分行，1913 年就增加到 1286 家。进入 20 世纪，以英资银行为代表的跨国银行逐渐退潮。不过，由于殖民地文化及宗教的长期影响，汇丰银行、渣打银行、桑坦德银行等部分跨国银行仍在原英属或西班牙属殖民地得以延续和发展。20 世纪 50 年代后期，部分欧洲国家取消或放宽外汇管制，推动了美资银行赴欧设立机构。布雷顿森林体系导致美国国际收支逆差加大，各国积存了大量美元存款，储户纷纷把美元存入欧洲的美国大银行。这些银行按当地市场利率发行可转让大额美元存单，形成欧洲美元市场。美资银行在该市场上具有独特优势：一是资本实力雄厚，易得到存款人信任；二是经营美元存放款业务相对便利；三是在欧洲市场上吸收的美元无须缴存法定储备金，降低了资金费用。由此，经营欧洲美元市场业务的美资银行获得了高额回报，海外扩张提速。1960~1986年，美国跨国银行数量从8家增至151家，海外机构资产从35亿美元增至4170亿美元。当时世界经济的快速复苏带动全球贸易和投资的迅猛增长，以及美国在全球的政治经济地位，特别是美元的世界货币地位，都对美国跨国银行发展起到积极的推动作用。进入20世纪70年代，石油美元的兴起又催生了跨国银行新一波发展的浪潮，一批欧美地区的中小银行及部分日本银行实现了跨国经营。1973年，第四次中东战争爆发，国际油价大幅飙升，引发世界性能源危机。石油消费国中的发达国家因石油提价而出现巨额逆差，石油输出国的经常账户则发生巨额顺差，形成大量"石油美元"。对石油输出国而言，石油美元收入庞大，而国内投资市场狭小，难以完全吸纳，必须输出美元资本。对西方国家来说，因进口石油国际收支大多呈巨额逆差，若紧缩或限制进口石油、改善国际收支可能导致经济衰退，因而需要吸纳石油美元。因此，国际金融市场出现石油美元"回流"，造就了一批在石油美元"回流"中发挥积极作用的跨国金融机构。20世纪80年代后，伴随着新一波全球化浪潮，国际贸易投资的迅猛发展极大促进了国际资本的流动，全球投资方兴未艾，推动了跨国银行发展。据WTO统计，1948年全球货物贸易总量仅为590亿美元，而2007年已经达到13.62万亿美元。其中，发展中国家对世界贸易增长的贡献度在快速上升，成为世界贸易增长的新引擎，同时，发展中经济体吸引外资占全球外国直接投资的一半以上。

经验表明，银行国际化初始阶段一般都伴随着大规模有真实背景的资本流动。一国日益增长的海外投资和贸易需求将促使商业银行快速建立一定数量的海外分支机构，实现规模化发展。目前，在国际金融市场上占据主导地位的仍是欧美银行。

这些银行在某类或某几类业务上较强，不过尚未有在各业务领域均处领先地位的银行。这里的“强”主要表现在该业务领域具有卓越的全球服务能力，有一批稳定的有重要影响力的全球客户，该业务线对银行整体盈利贡献度较大，并在全球占据一定的市场份额，能引领业务创新或主导市场。

一是在全球批发类业务，如融资、结算、现金管理、投资银行等领域占据市场领先地位的跨国银行。融资领域中以贸易融资为例，贸易融资类业务排名前十的均是欧美机构，其中，花旗银行、德意志银行和巴黎银行位列全球榜单前三名。在全球现金管理业务领域，排名前三位的分别是花旗银行、汇丰银行和德意志银行。摩根大通则是全球最大的美元清算行，占据全球外汇市场1/4的美元清算份额。在投资银行领域，从股权承销市场看，手续费收入排名前十的也都是欧美机构，十家机构的手续费收入几乎占整个行业市场份额的一般以上，排名前三的摩根士丹利、摩根大通、美银美林的手续费收入均在10亿美元以上。从收购兼并市场看，全球排名前十的欧美机构的手续费收入占整个行业的1/3以上，排名前三的高盛、摩根士丹利、摩根大通的手续费收入均在10亿美元以上。从银团贷款市场看，全球前十的欧美机构的手续费收入占整个行业的一半左右，其中，美银美林、摩根大通分别位列前两位。

二是在全球零售类业务，尤其是一些重点市场占据领先地位的跨国银行。零售业务全球服务能力较强的是汇丰银行和花旗银行。汇丰银行因其在全球80多个国家设有8000多家分行，个人客户达四千万，多次荣获《环球金融》杂志评选的“全球最佳零售银行”。近些年，虽然汇丰银行的零售业务有所收缩，但其在全球重要市场零售业务的地位和影响力依然稳固。花旗银行尽管受到国际金融危机的冲击，其零售业务仍保持较为稳定的增长。渣打银行、西班牙桑坦德银行是处于第二梯队的零售类跨国银行，在重点战略区域特别是新兴市场有着较广泛的分支网络和客户基础。

三是在全球金融产品交易市场上占据领先优势的跨国银行。跨国银行参与的金融交易市场主要涉及外汇、固定收益及商品市场等。在全球外汇交易市场，德意志银行、巴克莱银行及花旗银行能依托强大的电子交易平台实现连续报价，保持外汇交易市场的流动性以满足客户需求。在利率衍生产品市场，巴克莱银行在抗通胀型产品、德意志银行在掉期交易、摩根大通银行在期权交易上各具优势，位列全球利率衍生产品交易市场前三名，市场份额均超过10%。在全球商品交易市场，欧美的金融机构起步较早，优势明显。如汇丰银行是世界黄金及黄金衍生品最大的做市商之一，还是全球最大的贵金属清算银行。

四是在资产管理与财富管理产品线上有较强全球服务能力的跨国银行。从资产管理业务看，摩根大通银行、德意志银行、巴黎银行、汇丰银行四家机构资产管理项下的资产管理规模位列全球前四。从资产托管业务看，纽约梅隆银行、摩根大通银行、巴黎银行是全球排名前列的托管银行。从财富管理业务看，瑞银集团管理规模稳居第一，瑞信银行、美国银行分别处于第二、第三位。

通过对西方跨国银行的梳理，姜建清发现，总的来看，全球跨国银行的国际化发展历程，批发类业务主要靠国际贸易及跨国投资的推动，发展初期主要围绕母国跨国公司供应链向上下游的东道国客户延伸，需要合理的物理网络和强大电子网络的支持。零售类业务的核心竞争力在于能否在重点区域形成网络和客户的规模优势，以及本土化的产品创新能力。交易类业务则要具备丰富的全球金融市场产品体系、交易渠道和品牌优势，有较强的交易和做市能力。资产管理与财富管理业务的核心竞争力在于布局合理的营销服务渠道、稳定的高净值客户群体和因需而变的产品研发能力。在跨国银行发展进程和格局调整中，不同的银行选择了不同的发展道路，这种道路选择的差异性实际上体现了各行经济背景、发展策略、产品服务、客户群体、科技水平等方面的差异，并不存在放之四海而皆准的唯一正确模式。只有那些善于审时度势、趋利避害、抓住机遇的银行，才能在跨国银行经营中取得成功、赢得发展。

“审时度势、跟随客户”的国际化战略

“中资银行应谨慎选择海外发展模式，结合自身实际进行海外扩张，切勿跟风。”浙江大学互联网金融研究院院长贲圣林曾说。随着全球经济金融一体化的不断深入发展，中国银行业国际化已逐渐成为一种不可逆转的潮流。从国际经验看，国际化是全球大型商业银行保持持续发展和增强竞争力的重要选择；从中国现实讲，银行国际化既是中国经济日益融入全球的必然结果，也是中国银行业实现战略转型及应对国际竞争的内在要求。“工商银行在海外业务扩展中，一条重要的原则就是‘追随客户’的原则”，姜建清强调。结合全球跨国银行的发展经验和中国经济发展的需要，姜建清提出了工商银行“审时度势、跟随客户”的国际化发展战略，而在国际化发展的方式上，最初主要靠自主设立境外机构，但随着自身实力的不断壮大，又审时度势地调整为“自主申设与战略并购并举”的国际化

发展策略。

工商银行的国际化最早其实可以追溯到 1992 年。1992 年，中国改革开放进入了新阶段，工商银行顺应中国外向型经济发展的需要，开始了从立足国内市场向统筹发展国内、国外两个市场的定位转变，提出了“全行办外汇”的发展战略，并选择在世界重要转口贸易及海运中心新加坡设立首家境外机构。随后，陆续在日本、韩国等周边国家和地区，以及卢森堡和法兰克福等欧洲主要金融中心设立了营业性机构，并在伦敦、美国和澳大利亚设立了代表处，走出了国际化的第一步。2001 年中国加入世界贸易组织后，中国经济全球化程度不断加深，国家明确提出要实施“走出去”战略，中资企业海外投资的速度明显加快，工商银行以支持企业“走出去”为契机，提出了“壮大亚洲、巩固欧洲、突破美洲”的跨国经营发展策略，国际化发展开始提速。2000 年，工商银行收购中国香港友联银行，将其更名为中国工商银行（亚洲）有限公司（简称工银亚洲），成为第一家拥有海外上市银行的中资银行；2001 年，工商银行重组了中国香港分行与工银亚洲的业务，将香港分行企业银行业务注入工银亚洲，实现业务资源整合；2004 年，工银亚洲收购富通集团（Fortis Group）旗下的零售及商业银行业务华比富通银行（Fortis Bank Asia HK）的全部股权，成为第一家收购欧资银行的中资银行。此外，工商银行还在部分战略市场进行布局，如在伦敦设立了全资子银行，并在莫斯科设立了代表处。自 2006 年起，工商银行依托股改上市以后的有利条件，自主申设与战略并购并举，加快了境外网络建设，先后完成了多个并购项目，在 20 多个国家完成了自主申设项目或进行了机构升格——代表处升格为营业性机构。

“不能使我们最优秀的客户最后成为外资跨国银行的客户，这是我们正在思考的一个问题。”姜建清的国际化逻辑来自对市场需求的捕捉，“中国的企业在国内发展时，我们能为它提供全国性的金融服务，现在它们在世界上经过艰苦的努力打开了市场，需要中国的银行在后面支持时，却发现身边的银行不见了。那样，它们就必须重新建立跟外国银行的关系，但事实上往往得不到很好的金融服务。”姜建清说：“当中国企业在采购、销售方面实现全球化的时候，不一定需要我们的跟随服务，那时我们在本土提供服务就够了。但当投资、生产全球化的时候，就必须有中国的银行进行延伸服务，这样才能维系我们的关系，巩固我们中国的银行业务。”

工商银行与非洲标准银行的联姻

工商银行收购非洲标准银行可以说是在工商银行国际化进程中最具代表性的一个并购案例，充分体现了姜建清“审时度势、追随客户”的战略思路和敏锐捕捉全球商机的能力。这项战略至今让工商银行收益颇丰，也被视为中国银行业“走出去”的范例。

中国从1998年开始实施“走出去”战略，并采取了一系列政策鼓励企业到非洲投资建厂，中国对非洲的直接投资增长迅速。据商务部的数据，截至2005年年底，中国对非洲的直接投资额为15.9亿美元。2006年1月12日，中国在与非洲建立外交关系50周年之际发布《中国对非洲政策文件》，明确表示“鼓励和支持中国企业到非洲投资兴业，继续为此提供优惠贷款和优惠出口买方信贷并愿与非洲国家探讨促进投资合作的新途径和新方式。继续制订和完善相关政策，加强引导，注重服务，提供便利”。对非洲经济发展的长期关注让姜建清相信，非洲的市场蕴含着巨大的发展机遇，工商银行的许多大型企业客户已经纷纷去非洲投资，工商银行需要适应客户需求的变化，跟随客户“走出去”，以提供给客户所需要的服务。2005年、2006年，一个念头在姜建清的头脑中酝酿：工商银行该如何进入非洲市场？

一方面，非洲的发展前景和空间可期，但银行业经营的外部环境比较复杂，需要较强的本地化技能，收购在当地有实力和资源的本地机构较申设更容易实现本地化；另一方面，由于非洲有许多小国家，市场比较分散，一个国家一个国家地进入的话，成本也会较高。姜建清开始留意可能合作的目标银行，一家能较好覆盖非洲市场的非洲银行。与此同时，南非标准银行集团（Standard Bank Group）的高管层也在琢磨如何与中国及中国的银行建立关系。标准银行集团是非洲最大的银行，十多年来，它一直致力于开拓新兴国家市场。随着中非贸易和中国在非洲投资的快速增长，中国在全球经济中的影响越来越重要，标准银行集团也迫切希望进入中国市场。“尤其是2005年前后，我们所接触到的所有中国国有企业都在谈论制定非洲战略的事。”标准银行集团CEO杰科·马里说。1999年，标准银行集团开始在上海建立代表处，并试图收购中国的小型银行。经过一段时间的调研和初步会谈，标准银行集团发现，收购中国的小型银行并非易事，收购后的控制也不容易，而且，小型银行的未来存在各种不确定性。2005年6月，在世界银行的年会上，姜建清与杰科·马里相遇，两人谈得颇为投机。在之后一年多的数次国际会议上，双方的见解多次不谋而合。

截至2006年年底，标准银行集团总资产约合1366亿美元，是非洲最大的银行，资产规模在全球银行中排第106名，市值约183亿美元；资本充足率和一级资本充足率分别为14.8%和10.8%；全球员工总人数为42265人，分布在38个国家的950个分支机构，其中，非洲国家有18个，包括安哥拉、肯尼亚、博茨瓦纳、加纳等，而这18个国家2006年的GDP占到非洲所有国家（地区）GDP的43%。从业务侧重点看，两家银行存在较好的互补性：2006年工商银行净息差收入几乎是净手续费及佣金收入的10倍，而标准银行集团的业务分为个人及商业银行、公司及投资银行与其他服务三大块，其中，净息差收入与非息差收入各占47%与53%，公司及投资银行的利润占到总利润的40%。如果说工商银行更像典型的商业银行的话，标准银行集团则更具有投资银行的特点。值得一提的是，标准银行集团是提供贵金属相关服务的全球十大银行之一，而在2002年上海黄金交易所成立前，中国的银行业开展的贵金属业务范围还非常狭窄。工商银行希望投资一家在非洲覆盖面广的当地银行，标准银行集团显然符合工商银行的要求；同时，标准银行集团在寻找一家可靠的中国银行建立合作关系，工商银行作为四大行中通过海外并购和投资实施国际化战略的领头羊，无疑也符合标准银行集团的要求。

2007年5月，世界银行的年会后，姜建清和杰科·马里花了一整天时间深入讨论两家银行之间合作的可能性。“我们是非洲最大的银行，工商银行是全球和中国最大的银行，我们都觉得应该深入探讨，不只是持股，而是战略合作，以将各自的客户引荐给对方”，杰科·马里回忆当时的情景时说，“结束讨论后，我们很快就开始着手更有实质性的事情——战略合作及持股。”之后，双方的高管层进行了多次会面，并共同起草了战略合作协议，供各自的董事会审议。协议主要描绘了双方通过战略合作将能获得的潜在收益。2007 年 10 月 25 日，工商银行发布公告，宣布将以 366.9 亿兰特（以当时汇率计相当于 54.6 亿美元）收购标准银行集团 20% 的股权，成为后者最大单一股东，其中，10% 是标准银行集团向工商银行发行的新股，每股为 104.58 兰特，相当于交易宣布前 30 天内标准银行集团股票加权平均价，新股认购总额为 159.5 亿兰特；另外 10% 向标准银行集团现有股东购买，每股为 136 兰特，相当于交易宣布前 30 天内标准银行集团股票加权平均价溢价 30%，老股收购总价为 207.4 亿兰特；新股和旧股综合平均价格为每股 120.29 兰特，相当于交易宣布前 30 天内标准银行集团股票加权平均价溢价 15%。

这一交易公告引发了广泛关注。花旗环球金融旗下的投资研究部门（以下简称花旗）在一个月内连续发布两份研究报告，批评工商银行收购价格偏低，建议标准银行集团股东对交易投否决票。

在姜建清看来，并购过程中收购价钱贵不贵，关键取决于被收购金融机构的资质和盈利前景，当地可收购机构的稀缺性及市场进入的难易程度，还有一个非常重要的因素就是控股权。姜建清不喜欢“便宜”这个词。“我们很喜欢说‘便宜’，其实如果你永远说自己在交易中是占便宜的，想想对方是怎么样的感受？这是很不好的一个心态，老是想，要么就是对方占便宜了，要么是我们占便宜了。确实，我们不要输，但在商业市场上更多应该是讲赢，我们要追求赢，但我们也跟对方说，你也是赢，你也没有输。”姜建清强调。

那么，该如何应对花旗环球金融旗下的投资研究部门带来的挑战呢？对此，工商银行与标准银行集团一起制定了全面的沟通计划，与标准银行集团内部人员及公众股东沟通双方合作共赢的前景。2007年11月22日，姜建清在标准银行集团的管理层大会上发表讲话，400多名管理人员出席了这一会议。姜建清强调了两家银行对金融业全球化发展持有相同愿景、对新兴市场有共同兴趣、对标准银行集团未来收益和股东回报共同关注，也表达了对标准银行集团管理层的信心，表示工商银行会全力支持标准银行集团。他还介绍了双方商定的战略合作协议，以增强标准银行集团管理层对合作前景的信心。2007年11月23日，工商银行与标准银行集团在开普敦召开投资者会议。姜建清、工商银行当时的董事会秘书兼战略管理与投资关系部总经理潘功胜、杰科·马里及标准银行集团当时的公司与投资银行业务CEO罗勃·利思都在会议上发表演讲并回答了股东提出的问题。

姜建清从两家银行的互补性、战略合作将推进标准银行集团业务机会和收入的增长，工商银行愿意与标准银行集团现有股东一起创造价值等方面阐述了工商银行会是标准银行集团很好的战略合作伙伴；杰科·马里从标准银行集团的战略选择、工商银行作为有吸引力的合作伙伴的关键特点等方面诠释了选择工商银行作为战略合作伙伴对标准银行集团的重要性。利思则详细介绍了双方的战略合作关系将给标准银行集团带来的好处，其中，标准银行集团预计，工商银行入股第一年，标准银行集团税后利润将因双方合作增加4000万~6000万美元，三年内将增加1.6亿~2亿美元。增长将来自五个方面：中非商务与贸易往来；在非洲产生的银行交易与投资银行机会；为中国客户提供资源银行业务及投资银行业务；为中国客户提供国际性银行交易业务及投资银行业务；双方共同投资成立的全球资源基金，主要投资于矿业、金属、石油及天然气行业。

2007年下半年开始显露的国际金融危机无疑成了促使这次合作成功的“天

时”。后来任工商银行非洲总代表、南非标准银行集团董事的刘亚干认为，虽然双方早就开始有业务方面的接触，但如果不是2007年年底国际金融危机爆发，工商银行可能也没有机会实现对这家南非最大银行的相对控股。而标准银行集团的CEO杰科·马里在2010年接受国外媒体访问时也说，筹集到资本金是标准银行从那次收购中获得的第一要务，“这项投资的时机相当好，正好在国际金融危机爆发及随之而来的全球金融体系动荡之前。这对于标准银行集团来说特别重要，因为我们是一个广泛分布在世界各地的银行集团，很容易受到跨国风险和交易对手问题的影响。”2007年12月3日，标准银行集团股东对该交易进行投票表决。95%的股东投赞成票，通过了工商银行以366.9亿兰特收购标准银行集团20%股权的交易。2008年3月24日，双方完成股权和资金交割。这一交易是当时中国企业最大的单笔对外投资，也是南非最大的外国直接投资。

并购过程就像两个人谈恋爱

“收购后的整合最重要的部分是怎样提升它的价值，这需要战略协同，它和你是一体了，合作的资源你怎么给它，它怎么合理地运用和接受好你的资源，就能迅速提升价值”，姜建清说，“并购过程就像两个人谈恋爱，并购那一瞬间只是成功的1%，而99%的成功在于整合，过日子还是在并购以后。”那么，工商银行要怎样与标准银行集团有效协作？姜建清总结道：“首先要稳定人心，然后是树立信心，再次是融入集团，最后是文化融合。”

在完成收购交易之前，工商银行和标准银行集团就已成立“战略合作联合指导委员会”，由当时的工商银行行长杨凯生和标准银行集团 CEO 杰科·马里担任委员会的联席主席，由当时的工商银行董事会秘书兼战略管理与投资关系部总经理潘功胜和标准银行集团公司与投资银行业务 CEO 罗勃·利思担任联席副主席，由工商银行的战略管理与投资者关系部和标准银行北京工作团队，即现在的标准银行投资咨询（北京）公司牵头负责具体的战略合作事宜。收购后，工商银行向标准银行集团派出了两位高管，一位是杨凯生，担任标准银行集团董事会副主席，非执行董事；另一位是工商银行当时的战略管理与投资者关系部副总经理刘亚干，担任标准银行集团非执行董事。在两位高管赴任前，姜建清一再嘱咐，一定要尊重标准银行集团的管理模式、职业习惯和思维方式。为支持“战略合作联合指导委员会”工作而新成立的工商银行非洲代表处暨驻标准银行集团工作组出于对标准银行集团的尊重，以及考虑到每家银行对自己的商业秘密都会加以保护，并没有要求标准银行集团提供办公场地，而是另外单独租赁了办公室。杰科·马里在后来的沟通中表示，他和标准银行集团其他高管对工商银行的这个做法非常认可。与所有跨国投资并购一样，工商银行与标准银行集团之间不可避免地存在社会文化、企业文化等方面的差异。

一是信贷文化差异。业务侧重点的不同使两家银行的信贷文化与观念大相径庭。工商银行在业务上是较为传统的，主要收入和利润都来自净息差，作为一个“走出去”时间尚不长的中国的银行，面临着外汇资金成本高的问题，在风险偏好方面更倾向于规避风险；标准银行集团更像是投行，更注重资本回报率及非利息收入，追求以最少的资本获取最大的收益，风险承受意愿相对较高。这种信贷文化差异主要体现在合作初期双方在标准银行集团是否参与项目出资、出资比例及中间业务收入的分配等问题上。工商银行综合考量双方长期合作的前景与双方的综合收益。而标准银行集团内部有一套较科学的评估风险收益的系统，如果系统测算某笔合作项目收益不够而不适合出资放贷，标准银行集团就希望只收取安排费，贷款由工商银行出资。而在工商银行看来，既然这个项目是标准银行集团推荐的，标准银行集团哪怕只出资一部分，甚至很小一部分，也代表对这个项目风险可控的认可。在中间业务收入分配问题上，从起初由标准银行集团坚持收取绝大部分，到最后按照出资比例分配中间业务收入，因为除了提供贷款资金，工商银行与标准银行集团一起做了很多其他配套工作。

二是 IT 文化差异。两家银行在 IT 技术应用方面的情况也大不相同。无论从数据集中的能力看还是从产品的覆盖能力看，工商银行自主研发的 IT 系统在业内都处于领先水平，标准银行集团的董事长弗雷德 · 帕茨瓦纳和杰科 · 马里参观工商银行的数据中心后都为其惊叹。与工商银行 IT 系统的集中化和标准化相比，一方面，标准银行集团的系统更零散，系统间的整合度较低，原因在于它的许多子公司或业务是并购来的，各自使用不同的系统及服务商；另一方面，标准银行集团系统在 IT 发展落后的非洲已属不错，因而没有大的动力在此方面进行变革，它的 IT 部门高管（包括 CIO）流动频繁，且 IT 服务以外包为主。但标准银行集团的 IT 项目评估及决策流程较为严密，规范性更强，工商银行也从中获得一些启发。由于上述 IT 文化差异，工商银行人员会感觉标准银行集团在 IT 合作方面进展较慢，而标准银行集团的人员则觉得工商银行在此方面给予的压力较大。不过，由于两家银行的 IT 人员合作多，沟通也多，彼此逐渐接受和习惯了对方的工作方式。

三是层级观念差异。标准银行集团的联席CEO之一本·克鲁格举了两个反映层级观念差异的例子，“如我们与工商银行开会，姜董事长和我的座位在上座，其他人分别坐在我们的左右侧，大部分时间是姜董事长和我在讲话，其他人在受到邀请时才发表意见。”本·克鲁格说，“而我们自己开会时，你未必知道房间里谁的职位最高，大家都畅所欲言。”另一个例子有关层级沟通，由于工商银行某个员工在某项交易中发挥了重要作用或对标准银行集团的IT解决方案提出了独特的意见，本·克鲁格有时会直接给这个员工打电话，而工商银行的同事会认为，本·克鲁格应该与工商银行级别更高的人员沟通。“这些例子说明，我们需要更多地从文化的角度应对这些问题。”本·克鲁格表示。尽管存在各种文化差异，由于双方的努力，这些差异并没有成为影响合作的负面因素。本·克鲁格说：“工商银行人员的素质很高，他们工作很努力，理解我们跟他们讨论事情的原因，非常合作。文化差异的确存在，我们也努力学习更多中国文化，像学说中文等。我们需要在如何‘给人面子’、应对层级等方面更谨慎，学习与中国企业进行互动。我们在此方面花了许多时间，以确保我们的做法正确，我们觉得这些事情非常重要。”

股权纽带下的战略合作让双方都产生了新的优势。正如工商银行相信合作让它在非洲成为一家“本土”银行，能为新老客户提供更多、更本土化的服务一样，标准银行集团也认可合作带给它的国际化优势，其联席CEO西姆·查巴拉拉指出，“我们的本土竞争对手没有我们的国际化纽带，跨国竞争对手没有我们的本土关系。我们是非洲的本土银行，因为工商银行这个合作伙伴，我们又是全球化的，这是我们的差异化优势。”从2008年工商银行投资标准银行集团至2014年，工商银行专项融资部与标准银行集团合作成功的项目就有18个，贷款总额达114亿美元。

与标准银行集团的合作使工商银行在非洲变成了一家当地银行，无论是满足工商银行原有客户的新需求还是获得新市场，工商银行都能够提供更多、更当地化的服务，大大提升了竞争力。现以下面四个例子进行说明。

一是博茨瓦纳电站项目。以2009年博茨瓦纳莫鲁卜勒B燃煤电站项目为例，这是博茨瓦纳政府投资的项目之一，旨在提升该国的供电能力。工商银行的大客户中国电工设备总公司赢得了该项目的设备标。博茨瓦纳电力公司就该项目的8.25亿美元融资计划进行招标，融资条件较为苛刻，除了以美元为单位的出口信贷，还有博茨瓦纳普拉币融资及套期保值要求。而普拉币的套期保值，只有当地银行才做得了。最终，工商银行发挥资金的实力优势，标准银行集团发挥在非洲的地域优势，共同赢得了招标，提供一揽子服务方案：工商银行提供8.25亿美元为期20年的出口买方信贷，中国出口信用保险公司为项目所涉及的政治和商业风险提供15年担保，后5年由世界银行担保；标准银行集团提供1.4亿美元搭桥贷款，其在伦敦的全球金融市场团队提供货币互换以对冲汇率和利率风险。该交易在当年获得了三个奖项：EuroMoney旗下*Project Finance*杂志评选的“2009年非洲最佳电力交易”（Africa Power Deal of Year 2009）、汤姆逊—路透旗下*Project Finance International*杂志评选的“2009年非洲最佳电力交易”（Africa Power Deal of Year 2009）及投资咨询公司Africa Investor Group旗下*Africa Investor*杂志评选的“2009年最佳融资安排银行”（Arranger of Year 2009）。

二是加纳可可豆项目。非洲加纳是全球最大的可可豆生产国和出口国之一，可可豆一年一收，出口商每年先从银行获得为期一年的出口前贷款，然后根据出口订单从农民手中收购可可豆，出口之后再偿还银行贷款。这一贷款始于1993

年，贷款金额从当年的1.4亿美元一路攀升至2011—2012年的20亿美元，多年来一直被西方跨国银行所垄断。标准银行集团作为非洲最大的银行，也曾经参与银团贷款。从2010年起，标准银行集团与工商银行合作，获得2010—2011、2012—2013季各15亿美元出运前银团贷款牵头行的位置，银团成员行包括汇丰银行和加纳国际银行等。从参与贷款到成为牵头行，这是标准银行集团最大的受益。对于工商银行而言，这是中资银行第一次进入加纳市场，也是工商银行境外大宗商品融资业务第一单。作为牵头行，工商银行附加了一个条件，扩大中资企业从一级市场采购可可的份额。在此之前，中资企业的市场份额很小，中国企业需要从欧美企业手里购买可可原料，两者之间的价格差在20%左右。

三是尼日利亚央行资产托管项目。与标准银行集团合作让工商银行受益的另一个例子是尼日利亚央行资产托管项目。2011年9月，尼日利亚央行宣布，将逐步把其外汇储备的5%～10%转换为人民币（价值约合16亿～32亿美元），并把兑换成人民币的资金委托给工商银行做资产管理。标准银行集团并没有将功劳据为己有，公司和投资银行业务CEO大卫·蒙罗相信，虽然很难说标准银行集团和工商银行的战略合作关系与标准银行集团说服尼日利亚央行之间有直接关系，但如果没有与工商银行的合作关系，标准银行集团就不会有这样的信誉度，也不会有这样的机会与尼日利亚央行进行对话。他阐释道："与工商银行的合作关系改变了我们传递给客户的主张，客户知道，我们所传递的主张不只是一个产品，而是一个事件、一个过程，我们能够持续达成，我们能够就中国所发生的一切、中国企业的非洲计划、中国金融机构将如何为非洲发展提供资金支持等问题与客户进行持续的对话……与尼日利亚央行的对话就是一个例证，2009年、2010年国际年金融危机时期我们为尼日利亚央行提供咨询服务，并有机会跟他们谈及其外汇储备的货币问题，结果就是他们决定把外汇储备多样化，将部分欧元和美元储备兑换成人民币。”

四是贵金属业务。中国接近2/3的黄金依靠进口，而且需求增长速度远高于国内供应增长的速度。工商银行贵金属业务部建立于2009年，发展迅速，业务收入从第一年的2.8亿元增长至2013年的约44亿元，占“四大行”贵金属业务收入的50%左右，贵金属交易量占到上海黄金交易所场内交易的20%以上，连年排名第一。南非的黄金储量居全球第一，也是铂金和钯金的主要生产国。而标准银行集团的贵金属业务可谓历史悠久，他们经验非常丰富，拥有大量客户，业务经营模式也很成熟。工商银行贵金属业务部与标准银行集团在实物黄金方面的合作主要包括三方面：黄金寄售业务，即标准银行集团提供实物黄金货源，由工商银行贵金属部在上海黄金交易所出售；工商银行将从标准银行集团获得的黄金加工成投资类或收藏类增值产品（如金币、金条等）出售；黄金的融资、租赁、同业借贷等业务。工商银行与标准银行集团在黄金的金融交易方面也有大量合作。另外，工商银行的客户进行现货黄金或白银交易，持有的头寸需要平仓时会通过标准银行集团来进行。2014年1月，工商银行与标准银行达成协议，收购标准银行旗下的标银公众有限公司60%股权。标准银行集团的联席CEO之一西姆·查巴拉拉表示：“由于资本要求的提高，像我们这样规模的银行亟须交易量。我们有专业特长，有先进的设备、风险管理技能和人员，但交易量不够，而工商银行能带来交易量，所以，这会是很好的‘婚姻’，很好的合作伙伴关系。”标准银行集团的财务董事西蒙·里德利同样看好这一合作，称这一交易将把双方关系“提升至另一高度”。

除了上述业务上的紧密配合，工商银行与标准银行集团在管理方面也进行了不同程度的整合与合作。为了推进互信和合作，工商银行与标准银行集团基本每年举办一次“战略合作会议”，由工商银行和标准银行集团战略合作联合指导委员会和合作团队成员共同参加。战略合作会议在总结过往合作经验的同时，也筹划未来的合作，不仅具有战略远见性，也具有较强的实践性。为了让标准银行集团的董事会成员对中国和工商银行有更多、更直观的了解，双方做了大量的沟通工作，包括把标准银行集团 2013 年的董事会会议安排在北京召开。当然，工商银行与标准银行集团的互信更多的是建立在两者业务领域互惠互利、合作共赢的基础上。

一是人力资源共享。随着中非贸易和中国对非洲投资的日益增加，有越来越多的中国人到非洲各国去工作。为了向这个客户群提供更好的服务，标准银行集团计划在南非、坦桑尼亚、肯尼亚和刚果等国的分支机构招募中国员工。为此，标准银行集团向工商银行求助，工商银行也尽其所能。2013 年，工商银行非洲代表处首席代表王文彬说：“本（标准银行集团联席 CEO 本·克鲁格）跟我谈这件事，提到了要在六七个国家招中国员工。他们非常希望与这里的中资企业进行沟通，他们需要的员工不仅要会说中国话，还要了解中国文化、中国人做事的方式，对标行和工商银行的产品及流程也熟悉。工商银行在这里一共也就这么些人，我对他说我们一步步来，因为这里面还牵涉到雇佣关系等一系列法律问题。现在正在探索合作的方式，加纳是一个试点。”工商银行非洲代表处派了一名员工到加纳标准银行工作，专门负责加纳中资企业的相关事务。这名员工与加纳标准银行签工作合同，工商银行非洲代表处保留这名员工的劳动合同，给予其回到工商银行工作的选择权，同时给予这名员工一个保证，即在加纳标准银行的薪资不低于在工商银行的薪资，免除其后顾之忧。但问题在于，如果加纳标准银行给予这名员工的薪水和福利高于当地员工的水准，可能在当地员工中造成不平衡。为此，双方进行了一番讨论。“我们还提出来给这名员工提供用车、租房给予津贴，标准银行集团起初说不行，因为当地员工都不享受这些待遇”，王文彬说，“我跟本进行了一些沟通，本最终同意了，为了推进这件事，他们愿意承担这一块。”

二是信息化项目。信息技术也在双方合作之列。工商银行与标准银行集团在非洲 18 个国家进行了核心系统的连接，并在全球现金管理、国际交易的结算等方面逐步展开长期合作。2012 年，工商银行还帮助标准银行集团开发了手机银行的系统。工商银行信息科技部副总经理马雁说：“两个月时间，我们就帮标准银行集团推出了 Windows Phone 手机银行，他们对我们的工作质量和效率都非常满意。”标准银行集团对工商银行的信用卡业务也很感兴趣，其信用卡团队成员专程参观访问了工商银行信用卡中心，双方在信用卡的技术及业务层面进行了深入交流。IT 项目的合作不仅是双方众多合作领域中的一部分，它更多体现的是，双方已经建立起了彼此信任的互动关系。

三是归属感。随着互信关系的建立，标准银行集团的人员也对工商银行有了一种归属感。标准银行集团投资咨询（北京）公司战略合作总经理高文越把标准银行集团称为“工商银行在非洲的延伸”，标准银行集团公司和投资银行业务 CEO 大卫·蒙罗则表示：“我们（标准银行集团）把自己视为中国企业的员工，视为工商银行大家庭的成员。” 蒙罗名片的两面分别是中英文版本，右下方位置印着工商银行的LOGO及“中国工商银行战略合作伙伴”的中英文。蒙罗说，他2013年总共去北京工商银行总部7次，“他们（工商银行）会挂出‘欢迎标准银行代表团’的横幅，我为此感到骄傲。这些虽然都是小事，但它是建立互信关系的重要步骤。”

“不沉默”的董事会成员

标准银行集团是南非及非洲最大的银行，曾有过近20年与渣打银行合资的经验，它的高管团队具有丰富的管理经验。“标准银行集团有优秀的管理团队，有良好的管理模式和经营模式，经营也比较稳健”，工商银行国际业务部总经理吴斌这样评价，“所以我们对它是尊重的，但在重大的战略决策上，我们会通过沟通和‘软实力’，最后通过董事会，促成双方意见一致。”“我们通过董事会对标准银行集团的重大战略提出意见，达成共识。最后事实证明，这些共识有利于标准银行集团的发展，这又进一步增加了双方的共识度和互信。”姜建清说。

工商银行在标准银行集团董事会有两个席位，标准银行集团的高管用“不沉默”这个词形容来自工商银行的董事会成员，财务董事西蒙·里德利说：“他们在交易、成本和IT战略等很多决策上发表意见，他们不是沉默的董事会成员。”“他们在一些事务上给予了我们很大帮助，也在一些事务上改变了我们的想法。”杰科·马里补充道。最典型的一个例子是标准银行集团“重新聚焦非洲”战略的制定。从2009年开始，工商银行注意到，由于受国际金融危机的冲击，标准银行集团在伦敦、俄罗斯、土耳其等海外业务受到负面影响。但入股时间不久的工商银行并没有立刻在标准银行集团的董事会上发表意见，而是通过双方董事长之间、高管人员之间的多次私下交流，旁敲侧击、善意提示，将问题呈现给标准银行集团的高管层。标准银行集团的高管层也从国际金融危机的影响中看到了问题。国际金融危机导致竞争格局发生了改变：西方市场的低迷使美国等大银行竞相进入巴西、俄罗斯等新兴市场寻求新的增长点，导致这些市场的竞争加剧，直接影响到标准银行集团在这些市场的盈利状况。2010 年，工商银行驻标准银行集团的董事会成员正式在董事会上提出建议，希望标准银行集团在战略上更专注于非洲，对非洲以外不盈利或发展前景不乐观的业务进行调整。由于前期的铺垫、沟通及标准银行集团对问题的清晰认识，这个提议顺利获得董事会通过。标准银行集团开始实施“重新聚焦非洲”的战略，先后出售了在俄罗斯、土耳其等国的业务，并对伦敦机构进行了精减。杰科·马里在标准银行集团 2010 年年报的 CEO 致辞中写道：“我们不会再在非洲以外的市场收购或新建业务。”

在标准银行集团出售非洲以外业务的过程中，工商银行也获得了一些收购的机会，如收购阿根廷标准银行主要股权的机会。2012 年 11 月，工商银行以不超过 6.5 亿美元收购了阿根廷标准银行 80% 的股份，标准银行集团持有剩余 20% 的股份。阿根廷标准银行是阿根廷的全国性商业银行，在阿根廷有约 100 家分支机构，提供多种金融服务，包括资金筹集、企业融资、租赁、贸易融资、国际现金管理、外汇及投资者服务等。这个收购让工商银行获得阿根廷主流银行的控股权，这在南美洲是独一无二的，在中国的银行业也是比较少见的。标准银行集团的业绩得到了较大提高，其 2012 年的营收为 690 亿兰特（约合 83.69 亿美元），较上年增长17%，净利润为194.11亿兰特，同比增长23%。在2012年年报的董事长致辞中，弗雷德·帕茨瓦纳写道："这一业绩是在全球经济持续疲弱、银行业基本面发生改变及国内经济和社会环境脆弱的情况下取得的……南非以外的非洲业务收入增长达到38%，表明本集团的聚焦非洲战略是正确的。"

"工商银行比较tough（强硬），不过一旦大家达成一致，就会完全信任彼此，然后坚决执行……在我们做决策的过程中，如果考虑到工商银行，我们想到的不是20%，而是一个高得多的数字，我不知道这个数字具体有多大，但在重大决策上，我们会咨询他们的意见。"西蒙·里德利曾坦诚地说。而与姜建清一起促成这一合作、做成这一交易的杰科·马里则表示："我经常说，与工商银行的战略合作伙伴关系定义了未来50年的标准银行集团，它改变了标准银行集团，也将继续改变标准银行集团。"

第七章

打造世界的工商银行

对于企业国际化理论的研究，如果说20世纪70年代到80年代以约翰·哈里·邓宁国际生产折衷理论为代表的经典对外直接投资理论还可以为分析跨国企业集团的活动提供有用的框架，那么，随着市场的国际化和全球化及世界跨国企业集团的日益成熟，其应用价值和指导意义也在逐渐递减。1993年，邓宁提出了共同管理的经济性概念。按照邓宁的观点，共同管理的经济性指的是跨国公司通过对其处于不同国家的分支机构的管理协调而获得的各种额外收益。这种收益与其在折衷理论中所讲的所有权优势区别在于共同管理的经济性来源于企业跨国经营的本身，而所有权优势与企业的跨国经营没有必然的联系。

随着中国企业的飞速发展，全球化战略成为必然选择，但走向全球化之路绝非坦途，同时企业的全球化并非一蹴而就，而是一个过程。韬睿惠悦（Towers Watson）用五个不同阶段描述全球化的生命周期：出口、初始扩张、多国化公司、跨国公司和全球化公司。对于传统的公司而言，全球化的第一步往往是出口，企业开始直接或者间接地将产品销往国外市场。这个阶段相对比较简单，一方面，为了适应国外市场的需要，产品需要进行一定程度的改造；另一方面，企业为了打开国外市场，可能需要在当地招聘一些销售支持人员或从国内外派一些人员。当企业开始采用合资或独资的方式，或采用并购的方式更好地服务海外市场，企业就进入了全球化的初始扩张时期。在这个阶段，企业开始更加关注海外企业的管理，如何实施一些当地政策和项目，如何确保国外机构的合规性，如何引进一些适应当地的人力资源管理系统，如何解决总部与分子公司之间管控等问题开始浮现。随着企业不同国外市场的增加和海外分支机构的增多，总部与分支机构之间的管控与协作关系成为首要的问题，虽然这个时候不同的海外分支公司也可能存在一定的协作问题，但是这些分支表现得更像独立公司，各个分支之间只是有着少量合作与协同。跨国公司在这一阶段要比多国化公司更加协调统一。在这个阶段，国际化的企业从重点关注总部与分支机构之间的关系开始转移到全球分支机构之间协作与配合问题，要求企业在某些管理领域建立起全球运作的管理机制。跨国经营的企业应在发展过程中更关注取得全球化带来的协同效应，更关注作为一个大型整合的组织来运转，更注重实现资源在全球范围内的最优配置，当它们鼓励“整个公司”的沟通时，企业就进入了全球化阶段。处在这个阶段的企业会形成一个全球化领导团队并搭建正确的全球性管理框架，将全球化的管理系统落实到位，确保全球一体化与本土化经营之间的动态平衡。企业全球化的生命周期描述了企业全球化的自然演化，但并不意味着所有公司都必须经历这五个阶段。事实上，很多中国公司在国际化时跳过了上述的某一些阶段，直接跃进下一阶段。

企业在不同的国际化阶段面临的管理挑战不一样，需要领导者不断变革组织的管理模式与国际化程度相匹配。随着企业全球化的不断发展和深入，特别是当企业已经完成全球化的布局之后，如何更好地挖掘全球化带来的共同管理的经济性，从而通过跨国化经营来获取竞争优势，真正成为全球化公司，是企业领导者必须解决好的问题。当代最具影响力的管理咨询大师拉姆·查兰指出，这个时代的不确定性远远超过了以往任何时期，无论是在变化的规模、速度上，还是在迅猛、残酷的程度上，都与过去不在同一数量级上。企业的领导者不仅要能够顺应变化，还要能够利用变化，从中发现机会，从而实现变中求胜。

姜建清指出：“投资全球化以后生产全球化，必定会遇到过去没遇到过的风险，包括政治风险、法律风险、金融风险、劳工风险、工会风险，甚至在文化、宗教、习俗及人才方面都会带来巨大的挑战。”“对于很多中国企业来说，它们只有10年、20年的短暂历史，企业缺乏海外投资和管理经验，暴露出不少问题。比如信息不对称、缺乏有效整合、跨文化冲突、缺乏国际化公司治理理念和管理框架等，跨国经营除了逐步实现管理全球化、流程全球化、产品全球化、服务全球化、人才全球化、信息全球化外，还要处理好两个问题：一是处理好利益相关方的问题，包括监管机构、政府、管理者、员工等各方面，尽可能做点有社会责任的工作。二是国际化队伍的建设。如果没有培养好国际化人才，不可能真正成为一家跨国企业，中国企业成功‘走出去’的关键在于人才。”

工商银行特色的全球化发展之路

工商银行的国际化历程起步较晚、进展很快。从工商银行的国际化历程可以看出，工商银行国际化经历了境外拓展由自主申设为主到申设与收购并举、目标市场由新兴市场到成熟市场、客户结构由中资企业到跨国公司、服务内容从传统业务到现代金融服务等一系列积极的转变。2012年是工商银行跨国经营20周年，在取得了辉煌成就的同时，其基本探索出一条具有自身特色的国际化道路，那就是“成熟市场和新兴市场兼顾、自主申设与战略收购并举、内外联动和本地化经营并重、市场分类与一行一策差异化发展”。姜建清总结道：“这是一个里程碑，更是一个新的起点。”

一是工商银行境外机构从无到有，全球服务网络基本建成。从1992年设立第一家海外机构新加坡代表处起步，到2011年年末，工商银行已建成覆盖33个国家和地区、由239家境外机构组成的牌照完备、运营高效、服务优良的全球网络，并通过持有南非标准银行集团20%的股权实现了在非洲大陆的战略布局。作为海外经营网络的重要补充，代理行网络从1992年覆盖60个国家和地区的208家银行，发展到2012年覆盖136个国家和地区的1553家银行。

这期间，工商银行抓住两次“危”中之“机”，实现了海外机构建设的跨越式发展。工商银行在2000年以前把握亚洲金融危机后的有利时机，以自主申设机构为主，快速进入了韩国、日本等周边市场和德国、卢森堡等欧洲市场。2000年至2006年，在申设机构基础上逐步开展并购，开创了中资银行在境外资本运作的先河。2006年以来，工商银行依托股改上市后日益增强的整体实力及积极稳妥地实施自主申设与战略并购并举的策略，为实现海外机构布局的大跨越提供了充分条件。

二是工商银行境外经营能力由弱到强，可持续发展模式逐步确立。工商银行境外机构总资产从2000年的36亿美元增至2011年的1320亿美元，拨备后利润从3400万美元增至13亿美元，除个别当年新设机构外，其他境外机构均实现盈利，境外机构资产和利润年复合增长率达到39%左右；资产质量稳定改善，不良资产率从2001年的4.49%降至2011年的0.19%。2011年，工商银行境外机构净资产收益率（ROE）平均为12.4%，回报水平超过一些欧美大银行；人均资产为1.4亿元人民币，人均净利润为87万元人民币，超过全行平均水平。工商银行境外机构的竞争力有了显著提升。2009年11月，在我国首次召开的国际监管联席会议选择工商银行作为评价对象，来自10个国家和地区的监管机构对工商银行的稳健经营成绩给予了较高评价。

三是工商银行境外机构发展从孤岛状态到纳入全球一体化平台，科技优势得到充分发挥。2003年，工商银行就明确提出“要建立客户、业务、技术、信息的统一平台，形成有机联系的整体网络结构；加快海外数据中心建设，实现海外与国内数据中心对接”的发展目标。2006年，工商银行在中资同业中率先启动了自主研发的FOVA系统建设，功能覆盖存款、贷款、汇款、银行卡、网上银行、国际结算、贸易融资、金融市场等多个业务领域。工商银行还从2005年开始积极推动境外机构单证业务集中处理，到2012年，全部境内外机构的国际结算单证业务均已上挂总行单证中心，国际业务集约化经营水平领先于国内同业。

四是工商银行重点产品线从境内延伸到境外，全球服务能力不断增强。工商银行始终围绕“走出去”企业的需求特点，依托FOVA平台和境外机构多牌照的优势，加快境内重点产品线向境外的延伸，推动全球服务能力的提升。至2011年年底，工商银行支持“走出去”企业的贷款余额已达129亿美元，工商银行确立了“走出去”业务的大行地位。工银国际先后参与了多个具有全球影响的IPO（首次公开募股）项目，显著提升了工商银行的国际声誉和市场地位。工商银行在中资同业中率先推出了全球现金管理业务，与2232家客户建立了合作关系，并在中国香港设立了亚太区现金管理中心，与南非标准银行联合搭建了中非现金管理平台。工商银行在33家境外机构投产了网银系统，海外网银个人客户达到16.2万户，企业客户达到1.4万户，网银客户渗透率接近30%。在中国香港建立了统一的境外信用卡平台，9家境外机构实现信用卡发卡，17家境外机构实现借记卡发卡。依托银行卡与网银套接模式，境外零售业务实现较快发展，个人客户已达55.5万户。工银金融服务有限责任公司的证券清算和证券融资业务模式趋向成熟，证券清算总额超过20万亿美元。工商银行全球托管网络建设加速推进，基于内外联动的资产管理产品创新持续加快，贸易金融业务逐渐成为新的利润增长点。

五是工商银行国际业务从市场的追随者到主导者，经营业绩创历史最高水平。工商银行境内国际结算量从1993年的340亿美元发展到2011年的超过1万亿美元，国际贸易融资发生额稳居四家大型国有银行之首。工商银行把握国家加快推进人民币跨境使用的政策机遇，早布局、早启动，在较短时间内就基本在同业中确立了领先地位。截至2011年年末，跨境人民币业务量突破万亿元大关，人民币清算网络覆盖55个国家和地区，清算账户数稳居同业第一。跨境人民币业务线已成功拓展到23家境外机构，业务范围覆盖贸易、服务、资本及融资等众多领域。

六是工商银行国际化人才队伍建设与时俱进，促进了“ONE ICBC”的文化融合。从1992年派出第一批外派员工以来，经过20年的努力，工商银行已经初步建立起一支数量充足、素质优良、结构合理、国际竞争力较强的国际化人才队伍。截至2011年年末，境外机构员工总数达到5700余人。2011年，工商银行启动了国际化人才培训项目，计划用10年时间培养2000名左右高端国际化人才，为下一阶段的国际化发展奠定了更加坚实的人才基础。工商银行还在中资同业中开创性地提出了“全球雇员管理”的理念，并组织了首届荣誉全球雇员评选表彰和各类培训活动。

20世纪90年代中后期，工商银行在迈出了跨国经营步伐伊始便确立了“壮大亚洲、巩固欧洲、突破美洲”的海外机构布局原则。股改上市后，全面实行国际化、综合化成为工商银行重大发展战略之一。“随着中国经济的壮大，特别是加入了WTO以后，中国一定会融入全球化的进程。中国的企业也会逐步从采购全球化、销售全球化，逐步走向生产全球化、投资全球化。当走到后两者的时候，就需要中国的银行去配套就近落地服务”，在谈及工商银行国际化成功经验时姜建清说，“我们在海外收购的时候，并不期盼着毕其功于一役。我们大量收购的是中小型的银行，这叫三个指头拿田螺——十拿九稳，虽然这样购并规模比较小，但容易尽快整合，可以通过管理提升价值，最后把机构串成整体，所以没有太大的风险。”

总结工商银行国际化发展的成功经验，有如下几点值得借鉴。

一是坚持与中国经济全球化进程相匹配的国际化战略。1992年邓小平同志发表“南方谈话”，中国改革开放进入新阶段。工商银行顺应中国外向型经济发展的需要，开始了从立足国内市场向统筹发展国内、国外两个市场的定位转变，提出了“全行办外汇”的发展战略，并选择在世界重要转口贸易及海运中心新加坡设立首家境外机构，随后在亚洲、欧洲设立分行，在美国设立代表处，走出了国际化的第一步。2001年中国加入世界贸易组织后，中国经济全球化的程度不断加深，国家明确提出要实施“走出去”战略，中资企业海外投资明显加快，工商银行以支持企业“走出去”为己任，提出了“壮大亚洲、巩固欧洲、突破美洲”的跨国经营战略，国际化发展开始提速。2006年加入世贸组织过渡期结束后，特别是2009年人民币跨境使用进入实施阶段，工商银行依托已初步建立的国际化经营基础，实现了全球服务网络和海外业务的大发展。可以说，工商银行在20年的国际化过程中，始终坚定贯彻国家对外开放战略，紧扣中国开放型经济发展的需要，把握不同时期的战略机遇，稳步加快了国际化进程。

二是坚持自主申设与战略并购并举的国际化战略。工商银行审时度势在网络和业务拓展策略上始终坚持战略并购与自主申设并举的原则。1993年至2011年，工商银行通过申设方式进入了29个国家和地区，实现了低成本、低风险的稳健网络扩展。同时，把战略并购作为推动境外分支机构本地化发展的重要手段，按照风险可控制、成本可接受和机构可整合的原则稳步开展对中小型银行的收购与整合。姜建清说："从水浅的地方下水，不断地锻炼、实践，水性好了再深一点，风险就小一点。我们到美国、加拿大等国收购。开始胆子比较小，收购一个小型银行，然后到主流银行；开始是银行业务收购，然后到非银行或是其他产品线。"在任工商银行董事长的16年中，姜建清成功主持了16次海外银行和金融机构并购，带来了占据工商银行70% ~ 75%的利润和资产，如表7-1所示。工商银行不仅开创了中资银行海外资本运作的先河，而且创造了股权投资合作的境外网络建设新形式，快速实现或强化了对重点目标市场的覆盖，在战略性市场中成功进入了当地主流银行行列。比如，收购印度尼西亚的Halim银行成就了中国银行业首次跨国并购；入股南非标准银行，创下我国企业境外投资单笔金额纪录；收购泰国ACL银行，使工商银行迅速进入泰国市场；创造性地运用捆绑交易收购东亚银行（加拿大），使工商银行进一步完善了北美布局；收购东亚银行（美国），使工商银行实现北美零售业务的破冰；收购阿根廷标准银行，探索了中资银行在拉美并购成熟商业银行的道路。"战略协同、风险可控、价格合理、整合便利"，姜建清这样总结自己的并购心经。

表 7–1　姜建清任职期间工商银行主要并购案

时间	并购对象	交易金额	收购股份比例 /%
2006 年 12 月	印尼 Halim 银行	约 1150 万美元	90
2007 年 10 月	南非标准银行	约 55 亿美元	20
2010 年 4 月	东亚银行（加拿大）	约 7300 万美元	70
2011 年 1 月	泰国 ACL 银行	约 37.5 亿人民币	97.24
2011 年 1 月	东亚银行（美国）	约 1.46 亿美元	80
2011 年 8 月	阿根廷标准银行	约 6 亿美元	80
2014 年 4 月	土耳其 Tekstil Bank	约 3.16 亿美元	75.5

资料来源：根据相关报道和工商银行年报整理。

三是坚持稳健、审慎的国际化战略。多年来，工商银行认真汲取国际大银行开展跨国经营的经验和教训，在国际化过程中始终把风险控制放在首位，在战略上积极，在战术上谨慎，绝不把放松风险控制作为加快国际化的条件。在国际化过程中，工商银行着力建立健全、灵活、全面、高效的风险管理体系，指导境外机构和子公司在统一风险管理框架下结合实际做好日常风险管理工作，实现了对各项业务的全额风险计量和全程风险监控，提升了并表风险管理水平，避免了不同业务单元、市场、国别之间的风险传递。这些行之有效的做法促进了境外机构健康、稳健发展，实现了其对总行的利润回报、业务拉动、功能互补和战略协同作用。

四是坚持科技引领的国际化战略。工商银行始终坚持系统建设、机构建设与业务发展统筹规划、同步推进，建立了多币种、多语言、跨时区的全球一体化科技平台 FOVA，依托 FOVA，工商银行能够在全球范围内提供统一标准的金融服务；能够为境外机构的产品创新提供系统支持，增强其业务扩张能力；能够通过系统硬控制提高境外机构风险管理能力；能够实现国内外成熟理念和产品的共享。可以说，信息化是工商银行国际化的保障。具体而言，FOVA 系统是工商银行这棵大树的根须，不管境外机构所在市场的情况如何，只要有根须，全球分支机构都可以得到整个大树的营养，实现客户、业务、技术和信息资源的共享。

五是坚持业务发展、文化建设与社会责任统筹的国际化战略。在国际化历程中，工商银行始终把符合东道国法律、尊重东道国文化、促进东道国繁荣作为全球企业文化建设的基本前提，按照集团化、同一化、市场化、人本化的原则，从战略、制度、产品、服务、品牌、员工、企业形象等文化载体入手，实现了集团文化与当地文化的有机融合，增强了全球雇员队伍的凝聚力，提高了在当地市场的份额和客户对工商银行品牌的认同度。工商银行鼓励境外机构在促进中国与东道国（地区）贸易投资、支持当地经济社会发展、解决就业的同时，主动承担社会责任，注重环境和知识产权保护，坚持走和谐共赢的国际化道路。

国际化经营网络日臻完善进一步提升了工商银行的整体竞争力和全球影响力。2009 年，工商银行已成为全球盈利第一、市值第一、存款第一和品牌第一的金融机构。在盈利方面，工商银行在 2008 年和 2009 年分别以 213 亿美元和 245 亿美元的税前利润蝉联全球银行业利润之首；在存款方面，截至 2009 年年末，工商银行各项存款余额已超过 10.7 万亿人民币（约合 1.43 万亿美元），居全球商业银行存款第一位；在品牌价值方面，根据明略行咨询公司（Millward Brown Optimor）公布的 BrandZ 品牌价值全球金融机构类排行榜，2009 年工商银行以

380亿美元的品牌价值高居榜首。

工商银行先后贷款支持了中石油、中石化、中海油、中广核等多家企业的海外项目，并通过出口信贷等方式支持了中国电工设备总公司博茨瓦纳莫鲁卜勒电站项目、国机集团土耳其AYAS电站和SILOPI电站项目、印度尼西亚Indramayu电站项目、华为公司印度尼西亚Telkomsel项目、尼日利亚Starcomms项目、坦桑尼亚电信公司项目、中兴通讯阿尔及利亚电信项目等重大机电融资项目。截至2010年6月，工商银行已支持“走出去”的企业70余家，为客户提供各项融资约61亿美元，业务遍布五大洲的24个国家和地区。2010年5月，工商银行与商务部签署了《支持企业“走出去”备忘录》，形成了银政合作支持中国企业开展境外投资、承包工程、基础设施建设、大型成套设备出口的商业模式。工商银行参与融资的项目先后获得*Project Finance*、*Project Finance International*等国际权威杂志授予的20余个最佳交易奖项。

经济新常态下的跨国发展新契机

2008年国际金融危机之后，世界经济金融格局出现了新变化，欧美跨国银行的商业模式和发展路径正经历着深刻调整，姜建清认为有以下几个方面的发展趋势。

一是世界经济增长的重心逐步向新兴经济体转移，迫使欧美跨国银行调整发展布局。按购买力平价测算，2009年，新兴市场占全球GDP的份额达51.9%，历史上首次超过发达经济体所占的份额。2011 年，新兴市场经济增长 6.2%，而发达经济体仅增长 1.6%。据世界银行统计，新兴市场和发展中经济体在国际贸易中所占比重从 1995 年的 30% 跃升至 2010 年的 45%；新兴市场和发展中经济体之间的直接投资占到了全球跨境投资额的 1/3。这些市场条件的改变促使欧美跨国银行调整战略，寻求新的增长路径。例如，花旗集团把业务重点集中于大企业批发业务和高端个人客户零售业务，更加注重拓展新兴市场，2012 年上半年其在拉美和亚洲地区的收入分别同比增长 5.2% 和 4.9%。法国兴业银行则继续加大在俄罗斯、中国等新兴市场零售银行业务的发展力度。

二是国际金融监管改革力度空前，促使欧美跨国银行调整发展战略。国际金融危机爆发后，美国在 2011 年通过的《Dodd-Frank 金融改革法案》，要求金融机构把场外交易的衍生工具转入交易所，以加强此类产品的监管及透明度。美国商品期货交易委员会也把利率、信贷、商品及其他衍生工具纳入规管范围，要求资产总值达 100 亿美元以上的银行需向交易所提供交易抵押品，这将直接增加银行的交易成本，减少其贷款资金。掌控美国市场逾九成半现金及衍生工具交易的高盛、摩根士丹利、美银美林、摩根大通、花旗五家银行首当其冲受到影响。限制自营交易的“沃尔克法则”则对高盛、摩根士丹利等投行业务带来较大影响。欧洲也在 2010 年 9 月推出监管改革法案，包括把所有标准化场外衍生品纳入交易所或者电子交易平台，通过中央清算所清算；全面禁止 CDS 信用违约互换类型产品的“裸卖空”；规范对冲基金经理、私募基金及其他替代投资行为，以降低风险和避免业内薪酬过高；计划建立自己的评级公司，并从 2011 年起把穆迪和惠誉等评级机构集中由欧盟监管。为此，欧美银行纷纷调整战略以应对监管改革的影响。

部分银行已分拆交易部门或结束旗下对冲基金及私募基金的投资。美国银行提出“重点服务于核心客户群，重建一个强劲资产负债表”的战略，出售多项股权投资，持续调整业务结构。巴黎银行于2011年下半年启动了机构重组计划，并抛售部分资产，以满足更严格的资本充足率和流动性要求。

三是对国际金融危机中自身问题的反思，也影响着欧美跨国银行的经营模式和发展路径。一系列金融风险重大事件充分暴露了欧美跨国银行在风险管理方面的不足。如2012年摩根大通的“伦敦鲸”事件。当时摩根大通伦敦分部一组交易员在非流动性公司信用衍生指数产品上对赌，造成58亿美元的损失和巨大声誉风险。再如操纵国际金融市场价格问题。2012年，多国监管机构调查发现，多家欧美跨国银行涉嫌操纵伦敦银行间同业拆借利率（LIBOR），对国际银行业和全球金融市场造成较大负面冲击。此外，洗钱问题也浮出水面。2012年12月，汇丰银行就反洗钱调查同美国政府达成一揽子和解协议，并为此支付了19.21亿美元的和解金。同期，渣打银行也因美国政府的洗黑钱指控向美国纽约州金融局累计支付6.7亿美元的罚款。

20世纪80年代初，邓宁提出的投资发展周期理论指出，一国对外直接投资净额与其经济发展水平密切相关。当一个国家人均GDP在2000 ~ 4750美元时，该国对外直接投资不断增加，外资输入的规模同时加大，虽然对外直接投资净额仍表现为负值，但绝对值有缩小的趋势；而当一个国家人均GDP超过4750美元的时候，该国对外直接投资力度明显增加，对外直接投资净额将表现为正值，并呈逐步扩大趋势。自2002年，中国对外直接投资已逐步进入快速增长期。2002—2010年，中国对外直接投资年均增长近50%。2010年，中国对外直接投资流量已达688亿美元，居世界第5位；对外直接投资存量已达3172亿美元，居全球第17位；中国在世界178个国家和地区拥有1.3万家境外企业，一批中国自己的跨国公司和国际知名品牌逐步成长起来。到2012年，中国非金融类对外直接投资流量达到772亿美元，较10年前增长近70倍。根据罗兰·贝格对中国各行业50家领先企业的调查，72%的企业拥有海外经营项目。2011年，我国人均GDP进入了4750美元阶段，按照邓宁的投资发展周期理论，中国对外投资即将进入大规模拓展周期。“走出去”是中国经济实现结构调整和可持续发展的重要途径。而对外投资作为产能输出、化解国际收支不平衡问题的一个重要举措，是中国进行经济结构调整、促进经济可持续发展的战略选择之一。

近些年来，包括工商银行、建行银行等在内的众多中资银行抓住国际金融危机有利的窗口期，加快了全球化设点布局的速度，工商银行在一些新兴市场国家和地区的机构越来越多地跨入了当地主流银行之列，但中资银行国际化的程度仍偏低。对于中资银行而言，仅仅在海外设点布局并不是跨国银行建设的要义所在，实现盈利、竞争力和发展质量在当地同业中领先，确立在当地市场的竞争地位才是跨国银行的目标。2010年中国成为仅次于美国的世界第二大经济体，2011年中国的GDP达到47.3万亿元，人均GDP约为5414美元。“从金融机构来说，我们不仅跟随企业‘走出去’，而且在引导企业‘走出去’方面，发挥金融系统的信息优势。”姜建清说。后国际金融危机时期，中资银行加快国际化设点布局面临难得的历史机遇，具体表现在以下几个方面。

一是新兴市场的发展为中资银行跨国经营带来了新的突破口。新兴市场的高速增长正在使全球经济格局发生变化。按照购买力平价测算，2009年，新兴市场

GDP 占全球 GDP 的份额由 2008 年的 48% 升至 51.87%，历史上首次超越发达经济体。另外，新兴市场对全球经济增长的贡献度亦大幅提升（2008 年达到 60% 左右），特别是在国际金融危机后的强劲复苏使其全球经济增长主引擎的作用进一步显现。新兴市场国家大多与中国经贸往来密切且市场准入门槛较低，其迅速发展为中资银行国际化提供了丰富的业务资源和良好的经营条件。二是“走出去”和“产能输出”战略为中资银行跨国经营提供了新的推动力。国际金融危机后，依托“走出去”和“产能输出”战略，中资企业加大了海外并购力度，开发海外市场的诉求更为强烈。一大批民营企业，由于其机制灵活、受政治因素影响小，将会逐步成为中资企业走出去的主力军。这将给中资银行带来巨大的商机，并促进中资银行加快国际化发展步伐，进一步完善全球服务平台。三是人民币“走出去”给中资银行跨国经营带来了新的市场机遇。2009 年 7 月，人民币跨境贸易结算试点正式启动。2010 年 6 月，跨境贸易人民币结算试点范围进一步扩大，人民币“走出去”进程不断提速。SWIFT 数据显示，人民币作为国际金融交易结算货币的地位从 2010 年 10 月的第 25 位升至 2012 年的第 16 位。离岸人民币中心的形成和人民币国际化向纵深推进，有利于中国在国际金融体系中获得更大话语权，在国际货币和大宗商品交易中获得更多定价权，也迫切需要中资银行发挥在人民币业务上的天然优势，提高金融服务能力和国际化经营水平。人民币“走出去”后，中资银行将有可能在人民币代理清算、人民币跨境金融市场、人民币海外融资等领域确立全球领先优势，中资银行境外机构可以借助跨境人民币业务，拥有外资银行所不具备的独特竞争优势。

在看到经营国际化发展机遇的同时，姜建清也强调，中资银行应该清醒地认识到世界金融生态的深刻变化给商业银行国际化带来的诸多挑战。一是全球经济复苏基础仍不稳固，金融风险尚未彻底出清。在经历了大萧条以来最严重的金融危机和经济衰退后，全球经济自 2010 年开始步入复苏阶段，但各经济体和地区间的复苏进程并不均衡，主要经济体经济刺激政策逐步退出、主权债务风险明显增大、金融监管全面强化及贸易保护主义泛滥等因素使全球经济复苏仍面临较大不确定性。与此同时，跨境资金过度流动加大了金融市场的波动风险，主权债务危机对全球银行业特别是欧洲银行业的潜在影响尚未完全暴露。上述因素使中资银行跨国经营面临的外部环境更加复杂。二是国际金融监管体系出现重大调整，金融监管从严的趋势逐渐显现。2008 年国际金融危机后欧美监管当局及国际金融组织就国际金融监管改革的方向已经达成了一些共识，主要包括：提高银行资本的数量和质量，建立逆周期资本框架，加强金融机构的流动性风险管理，加强对大型跨境金融机构的监管力度，创建“系统重要性”金融机构的破产程序，加强对系统性风险的监管，强化监管的国际合作等。这些改革措施不但会对国际金融格局、银行经营模式和盈利水平、金融创新步伐等多个领域产生深远影响，也会对中资银行的国际化经营带来巨大挑战。

姜建清认为，与欧美成熟的跨国银行的全球化经营相比，中资银行的跨国银行建设之路才刚开始，任重而道远。未来几年是决定中资银行能否抓住机遇、真正成长为跨国银行的关键时期。在国际新形势下，中资银行应该更加主动地把握中国对外投资进入大规模拓展周期难得的历史机遇，以及国际金融危机带来的市场准入机遇，与人民币“走出去”进程的紧密结合，积极应对挑战，继续稳步推进国际化发展战略，推动国际化经营向纵深发展，更好地服务中国经济全球化战略。

建设国际一流全球化综合性大型金融集团

“中国企业、中国金融一定要往全球化发展，现在正是我们进一步拓展全球化的良好时机”，姜建清很有感触地说。以国际化程度高的德意志银行为例，其在全球75个国家和地区为客户提供金融服务，股票在巴黎、维也纳、日内瓦、巴斯莱、阿姆斯特丹、伦敦、卢森堡、安特卫普和布鲁塞尔等地挂牌上市。作为国际性大银行，德意志银行保持着庞大的、遍布全球的分支和附属机构网络，1996年就已经在卢森堡、莫斯科、马德里、伦敦、悉尼、东京、巴黎、布鲁塞尔、安特卫普、斯德拉斯堡、纽约设有分行或代表处，在加拿大、瑞士、澳大利亚、阿根廷、巴西、荷兰、葡萄牙、波兰、匈牙利、西班牙、日本、美国、马来西亚、印度等国都设有分支机构或附属机构。工商银行利用股改上市形成了良好的制度基础和资本实力，抓住国际市场地位快速提升的有利条件，加快全球化机构布局和跨市场业务拓展，在国际化发展和综合化经营方面取得了长足进步。在稳健发展境内业务的同时，工商银行顺应经济全球化和中国扩大开放的趋势，紧跟中国企业“走出去”的步伐，积极推进国际化经营，提高对全球化客户的综合服务能力。但是，综观世界范围内的银行，工商银行的国际化道路同样“任重而道远”。

自1992年申设第一家境外机构初始，经过20多年的发展，至2015年，工商银行在全世界40多个国家设立了300多家分支机构，在全球50多个国家和地区完成了系统性的网络布局，并提供各类基础金融服务，但正如姜建清所指出的，

“这 20 年我们布局了工商银行‘走出去’战略的 1.0 时代”。未来，工商银行的国际化发展不应局限于构建海外网络和拓展海外业务，更深刻的含义在于满足客户全球金融服务需求、顺应银行自身整体的发展需要，以及通过国际化发展推动银行实现战略转型，从而不断提升自身的综合市场竞争力和客户服务能力，因此，要以全球眼光、战略思维深入谋划和积极稳妥地推进国际化发展和综合化经营，加快形成跨境、跨市场的经营格局，从本土传统商业银行向全球化综合性的大型金融集团转变，与“建设最盈利、最优秀、最受尊重的国际一流现代金融企业”的战略目标更进一步。

一是目标确立。工商银行国际化战略的总体目标是：全面实施国际化、综合化发展战略，打造层次分明、定位合理、渠道多样、运营高效的全球化经营平台，努力成为在华外资企业和“走出去”企业的首选合作银行、全球第一华人零售银行及全面综合经营银行，最终使工商银行成为全球最盈利、最优秀、最受尊重的国际一流现代金融企业。

二是路径选择。在今后的国际化发展过程中，工商银行在战略上要有清晰的目标，在行动上要稳步推进，妥善处理好国际化发展中的各种困难和问题，掌控国际化过程中可能发生的各种风险，走出一条属于自己的国际化科学发展道路。结合国际监管改革与国际金融格局变化，工商银行国际化发展应注意把握以下原则：发挥集团整体优势，走内外联动道路；发挥境外牌照优势，走综合化经营道路；发挥科技引领优势，走集约化运作道路；发挥规模经济优势，走跨越式发展道路；发挥支持保障优势，走精细化管理道路。

三是策略选择。在境外扩张方式上，坚持市场化运作，通过并购、申设、合资、合作等多种方式实现境外网络布局的突破性发展；在目标市场选择上，坚持成熟市场与新兴市场并举，重点拓展亚太地区高成长性市场；在网络拓展策略上，充分考虑各地市场环境和监管准入难度等因素，综合利用自主申设、战略并购、机构整合等方式完善网络布局；在渠道拓宽方式上，加强物理网点和电子网络的有机结合；在全球布局导向上，坚持网络拓展和业务拓展相结合；在机构建设定位上，致力于本地化经营和融入主流银行地位；在跨境管理优化上，坚持垂直管理和区域管理有机结合，在境外机构较为集中的地区推进区域管理和区域整合。

四是时机和节奏的把握。无论采用哪种方式进行海外市场拓展，都必须注重选择恰当的时机和节奏。以海外并购为例，选择合适的对象，在合适的时间，以合适的价格出手对并购的最终成功至关重要。从并购时机看，危机介入是跨国并购中非常重要的原则；从并购节奏看，不一定追求“毕其功于一役”，稳步开展对中小型银行的收购与整合，持续收购的成功概率高于首次收购。

五是风险管控能力和跨境监管适应能力增强，具体表现在以下几个方面：持续推进海外全面风险管理，建立国别风险应急管理机制；密切关注并积极参与推动危机后的国际金融监管改革，同时根据国际监管的最新变化对自身国际化经营策略进行调整；与母国及东道国监管机构保持密切沟通，不断提升海外依法合规经营水平，推动境外机构建设和业务发展。

第八章

企业家与学者

2016年5月31日，工商银行发布公告宣布，因年龄原因，姜建清先生辞去董事长、执行董事、董事会战略委员会主席及委员职务，辞呈自送达本行董事会时生效。同时，公告这样评价姜建清的工作，“自本行股改上市以来，姜建清先生作为本行董事会第一任董事长，恪尽职守，勤勉尽责，改革创新，锐意进取，在本行公司治理、董事会运作、战略发展、经营管理、风险控制及国际化、综合化发展战略的制订和推进等方面做出了突出贡献。姜建清先生精通银行业务，对世界经济形势和银行发展规律有着深刻洞察，具有广阔的国际视野、强烈的事业心和责任感，在任期间为本行的改革发展倾注了大量心血，不仅带领本行顺利完成股份制改革、成功实现A+H股同步发行上市，更积极参与国际金融规则的制定，为促进中国金融业的改革开放发挥了有目共睹的积极作用。在姜建清先生的带领下，本行构建了以商业银行为主体、跨市场、多元化的经营格局，锻造了在治理和经营等诸多领域的引领优势，发展成为多项指标位居全球第一的世界领先大银行，取得了令人瞩目的成绩。本行董事会对姜建清先生在任期间为本行做出的突出贡献表示衷心的感谢！”尽管外界对姜建清的卸任早有预期，但掌舵工商银行16年，他对工商银行的影响举足轻重。16年来，他带领工商银行股改上市、转型突围、扬帆“出海”……完成了“宇宙大行”的华丽蜕变。

自2000年2月任行长起，姜建清带领工商银行完成股改上市，成为全球资产规模排名第一的“宇宙大行”。工商银行近年来一直稳居最赚钱的上市银行榜首。截至2015年年末，工商银行拨备税前利润4502亿元，同比增长7.6%，净利润为2777亿元。2015年，工商银行实际新投放的信贷总量达到2.76万亿元。在互联网金融方面，借助“互联网+”的风口，工商银行在同业中第一个推出互联网金融品牌。2015年以来工商银行发布了e-ICBC等多个互联网金融品牌，已搭建了以“融e购电商平台、融e联即时通信平台、融e行网上银行直销平台”及“网络融资中心”为主体，覆盖和贯通金融服务、电子商务、社交生活的“三平台、一中心”互联网金融整体架构。截至2015年年末，融e行已有1.9亿客户，融e购全年交易额超过8000亿元，为国内第二大电商平台，成立了网络融资中心和个人信用消费金融中心，网络融资总规模超过5000亿元。在姜建清执掌工商银行期间，姜建清成功主持了16次海外银行和金融机构并购。工商银行的海外业务发展迅猛，海外已布局331个机构，成为境外网络覆盖范围最广的中资金融机构。此外，工商银行与147个国家和地区的1604家银行建立了代理行关系。财务数据显示，工商银行海外总资产从2000年的36亿美元增长至2015年的2798.30亿美元。同期海外机构的净利润则增长了92倍。2015年年末，工商银行海外资产占总资产的比重达到8.2%。如将工商银行境外机构看作一家独立的银行的话，其规模与效益已进入全球银行百强之列。在英国《银行家》杂志依据2016年全球主要银行一级资本作为主指标编制发布的“2017年度全球银行1000排行榜”中，工商银行在一级资本、资产规模和税前利润三个指标上继续领跑全球银行业。从2013年开始，工商银行已经连续五年占据一级资本、资产规模和税前利润“三冠王”的位置。在全球银行业的历史上，虽然总会有某些银行成为当时银行业的标杆，但是迄今为止还从来没有任何一家银行能够在三个测算指标上同时排名全球第一，也没有任何一家银行在同一个指标上连续多年排名全球第一，可以说，工商银行创造了新的历史。姜建清也获奖无数，如 2006 年获得“中国经济界的奥斯卡”的“CCTV 中国经济年度人物”，2011 年在《财富》亚洲最具影响力的 25 位商界领袖中位列第 13 名；2012 年被评为 20 世纪影响中国的 25 位企业家之一等。

随着马蔚华、姜建清、闫冰竹等这些时代性掌门人的相继离任，国内银行业正在经历新一轮的更新换代。在姜建清掌舵的 16 年中，工商银行也深深地打上了“姜建清时代的烙印”。“中国人说要舍才能有得，要有自己的节奏，不要追求短暂的成功，经营一个企业就像跑马拉松一样，不要寄希望 100 米、1000 米甚至 1 万米的时候掌声响起来，开始跑在最前面的人不一定最快跑完全程，所以一定要走得扎实”“有时候我也在静静思考，银杏树可以活一千年，龟活可以活两百年，都是因为慢。在元素周期表中，最不活跃的元素存在时间最长。我们这个行业也有三千年历史了，慢一点生长也许有好处。所以，尽管我们在改变自己，但是我们不要过分亢奋，还要留时间观察，去掉那些不稳定因素，把好的东西结合起来，变成稳定的、常态的东西”，姜建清曾这样描述自己的心态。这种心态正是姜建清制胜之道的关键，使姜建清领导的工商银行能够在这场风起云涌的银行业“马拉松”竞赛中脱颖而出。

改革者与创新者

原高盛亚洲董事总经理胡祖六这样评价姜建清："姜建清先生具有战略远见，做事果决，敢于拍板，雷厉风行，具有很大的感召力和执行力。他是在改革开放后成长起来的中国大型金融机构领导人，秉承了邓小平为中国树立的一股用于开拓创新的精神。今天，在很大程度上，工商银行已经成为世界级的优秀银行。工商银行所取得的成就，的确与姜建清的一流领导力，多年的心血与努力奋斗密不可分。""姜董事长受到尊重更多在于他能够按照商业的思路在经营。"工商银行总行一位中层人士在接受媒体采访的时候表示，"他看得比较远，能够超前三五年看到商机。工商银行在互联网金融、国际化、IT 方面都是业界领先的，这些都是他的得意之作。"姜建清在进入银行之前，经历颇为丰富。17 岁时，姜建清加入上山下乡的大军，在江西农村务农，后来又在河南一个煤矿工作了三年。1979 年回到上海，自此与工商银行结下不解之缘。自进入工商银行后，姜建清从基层做起，先后担任过工商银行上海市分行副行长、上海城市合作银行行长、工商银行副行长等职务，直至工商银行行长，改制后成为工商银行首位董事长。2000 年 2 月，姜建清履新工商银行行长，从此开启了长达 16 年掌舵工商银行的生涯。在这 16 年中，姜建清精减人员和机构，降低不良贷款率，带领工商银行完成股改上市、转型突围、海外扩张、综合化等诸多改革，并提出大力发展银行信息化，之后向"e-ICBC"和国际一流银行的战略转型。"工商银行互联网金融和姜建清的远见及推动是分不开的，他对重要的业务细节抓得很紧，会亲自去试、去体验。”姜建清曾经的下属这样描述他，“开始做电商的时候，工商银行内部也是有一些争议的，有一些同事也没有想清楚。现在回头来看，姜建清是在抓未来的机会和品牌。”

支持这些变革的背后，是姜建清作为一个企业家、银行家经营工商银行的思路。姜建清强调，在金融迅速变革的时代，只有适者生存，适者就是改革者和创新者。从1984年成立以来，工商银行30多年的发展历程，是中国金融业改革发展的缩影，也是一个时代变迁的缩影。结合工商银行30多年来尤其是近十年来走过的风雨之路，姜建清认为，改革和创新是一家银行打造“百年老店”的根本动力。经济发展的实质在于创新，创新能增添发展活力，降低经营成本。创新包括制度创新、体制创新、管理创新和业务创新。中国银行业过去所取得的成就离不开改革创新，如银行业通过改制上市破解发展难题就是最成功的改革创新。以工商银行为例，在2004年改制之前，工商银行的不良贷款率高达24.24%，其中还没有包括五级分类法和“一逾两呆”之间的“剪刀差”及9000亿元左右借新还旧的所谓“常青藤贷款”这类潜在的不良贷款，如果仅靠盈利消化历史包袱大致需要8年左右。随着我国经济转型和金融改革的深化，银行的传统业务正在逐步失去规模快速扩张的环境。继续走总量扩张型的发展道路会因受到资本补充及风险控制的制约而难以为继。银行必须坚持市场化导向和商业银行经营原则，走以结构优化、效率提升、资本节约为主要特征的内涵式发展道路已是必然。通过创新破解体制机制性障碍已成为商业银行提升效率效益、降低交易成本的必由之路。利率汇率市场化的推进、资本市场的争夺、互联网金融的挑战、对外开放的加快，会倒逼银行业加速改革。银行会进一步向中小企业和个人金融倾斜，向零售金融和财富管理进军，向大数据和银行信息化投资，向国际化和综合化发展，从资产持有大行向资产管理大行、由存贷款利差收入为主向多元均衡盈利增长格局、由本土传统商业银行向全球大型金融集团的转变，走出一条资产与资本相平衡、质量与效益相兼顾、成本与效率相统筹的可持续发展之路，实现发展方式的根本转型。

但是，改革创新并非急功冒进，过分追求短期功利。金融业是一个讲求平衡的行业，金融的资产负债表就是“提醒”。要求金融业管理者必须平衡好收益与风险的关系，长期与短期的关系，规模、速度与质量的关系，切忌过分追求短期功利。在金融业，唯一不变是风险控制。姜建清曾说：“把住风险是优秀金融家的底线，风险管理是金融业的立身之本。”姜建清在文章和讲话中多次使用了诸如“审慎”“稳步”“稳健”“循序渐进”“稳健致远”“毅力”“由点及面”等词语，在引领改革和创新过程中，始终强调需清醒认识银行业的脆弱性，切实防范风险。现代经济是信用经济，信用关系无处不在，信用规模日趋扩张，信用结构日益复杂。随着金融市场的广度和深度不断增大、产品体系日益复杂、金融的开放度不断扩大，金融风险越来越高。风险管理是金融的核心要义，金融业则通过对风险的识别、监测、处置和管理，从而创造效益、实现自身的稳健发展，并推动社会进步。中国金融业在改革开放几十年来，取得的进步有目共睹，但也遭遇过多起较大的金融风险。金融业是经营风险的机构，本身具有脆弱性，尽管金融风险与市场环境瞬间巨变相关，具有特殊性和偶然性，但自身的过度扩张、盲目创新、忽视经济运行的基本规律，忽略基础性风险的防范才是导致风险产生的罪魁祸首。把控风险是优秀金融家的底线，风险管理是金融业立身之本。金融家们今日正在书写着明天的历史，假若不敬畏市场规律、金融法则，那么所犯的金融错误又会演进为明天的悔恨。无论金融创新和金融形态如何发展，金融的本质和功能是不会变化的。金融家尤其要审慎。就银行业而言，姜建清指出，银行作为经营货币信用的特殊机构，有着与生俱来的内生脆弱性。银行的脆弱性累积到一定程度时就会爆发风险。银行体系的脆弱性或源于全球经济政治局势及金融市场外部环境的改变，或源于经济周期及实体经济的恶化；亦与银行内部的风险偏好和错误的经营决策直接相关。经营偏离稳健的轨道，资产质量恶化，业务结构失衡，最终就会难逃破产出局的悲惨命运。历史上多少家优秀银行已成过往云烟。世界银行业跌宕起伏的历史给我们留下了许多案例。今天中国银行业到达了世界银行业同业期望登临的位置，但中国走的是一条没有前车之鉴的探索之路，前面仍有许多难以预见的风险和挑战。与庞大规模体量如影相伴的是巨大的资本补充和风险管控压力。加强宏观审慎管理和金融监管，加强商业银行风险和内控管理一刻也不可放松。“无论你的心灵是在极地的上空浪漫地翱翔，还是在尘世的黑洞里艰难地探索，你都应该记住：明智、审慎和小心翼翼地自我节制，是智慧和幸福的源泉。”姜建清援引了19世纪英国文学家斯迈尔斯的一句名言，强调“在金融业，‘剩’者为王，金融家稳健甚至保守才是行业的优良文化传统”。

学者型的企业家

任何改革和创新都是有风险的，那么当风险和机遇出现的时候，怎么平衡好收益与风险的关系，以及长期与短期的关系，规模、速度与质量的关系，企业家的信心源自哪里？姜建清指出企业家的信心源自对形势的冷静观察，非理性的恐慌只会让自己看不清形势，丧失判断力。企业家的信心源自对新年和事业的坚守，多一份坚持，多一点坚强，可能就会走出危机的阴霾，在寒冬之后迎来暖春。

姜建清的信心正是源自其长期对金融领域孜孜不断的观察研究和探索实践。“从商业银行基层到董事长，这在国外是比较典型的职业银行家路径，这种背景让姜建清对商业银行的认识和体会更深。”中国国际金融学会副会长、中国银行原卢森堡分行行长吴念鲁这样评价姜建清，“姜建清在基础理论如金融、经济学等方面的基础还是非常扎实的，是把理论和实际相结合的典范。他掌舵工商银行16年来，对工商银行股份制改造、人才培养和整体的发展，可称为一个相当出色的一把手。”姜建清在银行最初的工作是坐在储蓄柜台后面点数钞票，不过，他并不甘心于基层，于是边工作边学习，先后就读于上海财经大学和上海交通大学，并取得了上海交通大学的硕士和博士学位。同时，在工商银行内一路升迁。此外，姜建清还在美国哥伦比亚大学进修过一段时间，不仅具有丰富的金融工作经验，而且对金融理论也很有研究，发表过大量学术文章，在任工商银行行长和董事长期间，仍兼任上海交通大学博士生导师，主要研究方向为金融理论与实践。在每次引领工商银行的重大变革和创新之前，姜建清都对问题进行了冷静的观察、仔细的研究、深入的探讨、科学的决策。在工商银行的信息化建设之前，姜建清就对美国金融业的信息化进行了系统的研究，出版了《美国银行业的科技革命》《金融高科技的发展及其深层次影响研究》，之后又发表了《银行信息技术的昨天、今天与明天》等很多研究性文章。姜建清还先后研究并编著出版了《商业银行国际化：环境与体制》《国际商业银行监管环境与体制》《携手千岛之国：印度尼西亚投资指南》《走向国际：从跨国银行看中国银行业国际化》等著作，以及发表了《打造中资跨国银行》等大量文章。“他的英文也不错，有一些英文提问，虽然现场也有翻译，但他对这个问题肯定是先听明白的”，与姜建清有过多次接触的券商分析师们这样评价他，“他很有银行家风范，从开业绩发布会出席的情况看，他讲话很系统，大部分时间脱稿沟通，对于提问回答都是比较详细的。除了谈到工商银行的情况，还会就国际银行业、中国银行业的情况和大家做分析，所以遇到一些经济下行期、对一些平台担忧的情况，他分析得比较清楚，对消除人们的担忧、建立信心都是很重要的。可以说，他是一个经验非常丰富的银行家。”不管是工商银行的变革还是创新，姜建清往往先充分深入研究，从而做到有备而来。因此，姜建清在和工商银行各专业部门讨论银行的发展时总是头头是道。“他们看到我是比较头晕的。因为我不仅讲战略，还跟他们讨论大量的战术，一直讨论到细节”，姜建清评价自己。工商银行大部分高管也证实，战略甚至一些细节的构思最初都来源于董事长。

“学习力是最本质的竞争力和最活跃的创新力”，姜建清在工商银行期间还强调，“要成为一家优秀的银行，就必须成为一家学习型银行。我们必须在干部培训方面下大功夫。”姜建清认为，在复杂的经济和产业发展面前，银行的管理人员仅懂金融、懂经济是不行的，还必须懂企业、懂产业、懂管理、懂技术。而经济的国际化也带来了机构的国际化、业务的国际化和管理的国际化，要求管理人员必须学习其他国家的政治、经济、文化等。工商银行要围绕建设学习型银行这样一个目标，不断加强和改进教育培训工作，形成分级管理与分类培训相衔接，网络培训与院校现场培训相补充，计划调训、自主择训与竞争参训相结合的充满活力的教育培训工作新格局。对管理人员，重点抓好金融业务知识和经营管理能力的培训，分层组织开展领导力提升培训、营业网点负责人执行力培训，并要定期为管理人员设计经济金融理论、经营管理知识的选修课程，指导其自主择训、更新知识；对销售人员，重点抓好客户经理培训，并逐步形成一套培训标准和资格认证标准，覆盖到所有业务线和产品线的销售类岗位人员；对专业人员，重点抓好资格认证培训，坚持统一培训计划、统一培训教材、统一资格认证，使之成为专业人员能力评价、岗位授权、职级晋升的重要依据和主要标准；对操作人员，重点抓好以新柜员为主要对象的岗前培训，奠定服务规范化、标准化的基础，加强对员工岗位实践能力的培养，并发挥好一级分行的转培训作用。姜建清也是在几个国有大型银行里面最早要求建立博士后工作站的领导，对工商银行整个理论建设提供了根基，也充分和实务结合进行了一些课题科研。著名国际金融学家吴念鲁认为这也是一项重要的创新，他说：“我对他们的研究所比较熟悉，工商银行比较早就建立了多个工作站，在中国人民大学等几个大学，这方面做得比同业要早。除此之外，工商银行在海外这一块发展还是比较快，也是有比较突出的业绩。”

姜建清在位期间，工商银行还长期致力于整个社会的金融文化建设，创办了我国首家金融行业博物馆——银行博物馆。1998 年，时任工商银行上海分行行长的姜建清在参观英格兰银行博物馆时，见到博物馆的中央天井处栽种着一棵中国桑树，了解到原来世界最早的纸币是宋代的“交子”，其制作材料正是桑树叶，英格兰银行博物馆以这种方式纪念这段金融历史。通过对欧美先进银行的多次考察，看到西方金融企业对历史文化的重视和传承，姜建清感触颇深。在中国银行业开始飞速发展的时刻，如何加强对历史文物的整理、保护和传承是亟须重视的课题，如果不将对历史文物的深入研究纳入金融文化的完整体系，随着时间的推移，散失的文物和资料或将再难寻到，这样的损失无法估量且难以弥补。为此，姜建清以一个企业家的眼光、智慧和社会责任感，提出了在上海建立银行博物馆的设想。1998 年 6 月，银行博物馆开始筹办。2000 年 4 月 9 日，工商银行的银行博物馆正式开馆。经过扩建、调整和迁址，其从当初具有较为浓厚的专业色彩，发展成为如今广泛吸引社会公众参观和学习的博物馆。博物馆广收实物典藏，已汇聚清末以来的各类金融史物三万余件，其“展、编、研”一体化的工作格局，不仅成为工商银行企业文化的一个重要窗口，也成为中国金融文化的一个亮点，在海外也产生了一定的影响。曾有外国友人热情洋溢地留言：“我们看到了中国金融的过去，更看到了中国金融的美好未来！”姜建清主编出版的《岁月撷珍——银行博物馆精品鉴赏集》被评为“2013 年中国最美的书”，并获得了“2013 年美国金墨奖金奖”“2014 年上海印刷大奖金奖”。

企业家型的学者

2015 年 11 月，中方在苏州的第四次中国—中东欧国家领导人会晤上倡议，由中国工商银行牵头，探讨以商业化的金融模式支持成员国之间的互联互通和产能合作。在姜建清辞任的第二天，工商银行发布公告称，经董事会审议通过，工商银行全资子公司工银亚洲拟以 10 亿欧元（或等值其他币种）投资设立中东欧金融公司，投资金额占中东欧金融公司总股本的100%。中东欧金融公司将牵头设立市场化基金，面向中东欧国家政府（或其授权机构）及全球其他市场募资。中东欧金融公司目标投资市场涵盖中东欧国家及符合中东欧国家和我国共同利益的其他区域，业务投向为“一带一路”共建框架下互联互通等基础设施建设、国际产能合作等，并将随国内外经济形势的变化不断优化投资方向，保证长期回报并控制风险。历时一年，在中国工商银行和中外合作伙伴的共同努力下，在“16+1”领导人及各国政商界代表的共同见证下，2016年11月，中国—中东欧金融控股有限公司及其发起的中国—中东欧基金正式成立，姜建清为负责人。中国—中东欧基金秉承“政府支持、商业运作、市场导向”的原则，目标市场为中东欧国家，并适当延伸至欧洲及符合中国—中东欧国家利益的其他地区，重点关注基础设施建设、高新技术制造、大众消费等行业的投资合作机会。该基金聚合中国—中东欧乃至全球的资源优势，广泛吸引中外合作伙伴共同参与，寻求具有潜在“中国元素”的投资机会，搭建区域性的产业和资本平台，提供领先的“商行 + 投行 + 投资”一体化金融解决方案。在资金募集方面，波兰、捷克、拉脱维亚等中东欧国家，以及中外资企业、金融机构和各类社会资本，均在积极接洽入资。在投资管理方面，除工商银行外，还引入了中国人寿、复星集团、金鹰国际集团等具有国际影响力和丰富投资经验的合作伙伴。在项目储备方面，正在积极跟进一批社会影响力大、经济回报良好的投资机会，涉及交通物流、清洁能源、高新制造、医药医疗、食品加工等诸多领域。“中东欧国家与中国经济特别是中国产业结构的互补性强”，姜建清说，“双方可在基建、装备、新能源、消费等诸多领域，推动国际产能合作和开展优势产业对接。而且，在中国与中东欧国家经贸和投资合作中，金融能发挥重要作用。”自从2016年5月离任工商银行董事长一职之后的一年多时间里，姜建清一直忙于中国—中东欧基金的筹备和开业工作，2017年5月15日，中国—中东欧基金完成首轮募资。

其实，在公布姜建清出任中国—中东欧金融控股有限公司负责人之前，2016年7月1日，姜建清已经加盟中欧国际工商学院，担任中欧国际工商学院金融学兼职教授，并接替中国人民银行原副行长、全国人大常委会财经委副主任委员吴晓灵担任中欧国际工商学院下属陆家嘴国际金融研究院院长。中欧国际工商学院称，姜建清在金融工作方面有着丰富的实战经验，同时对银行史、银行管理及金融改革等问题也有深入的研究。中欧国际工商学院副院长兼教务长丁远在致全体教职员工的邮件中称：“姜博士的加盟将继续推进我院金融学教授团队的发展和学术交流，姜博士将发挥他在信息、政策、资源等多方面的优势，广泛参与学院的金融学科发展和人才培养，进一步增强中欧国际工商学院的研究与教学实力。”姜建清和中欧国际工商学院的合同约定一年授课60个课时，会在北京、上海、深圳等地上课，同时将领导研究院开展对当前金融重点和热点问题的研究，为建设上海国际金融中心和推动中国金融体系现代化发挥思想库和智囊团的作用。2017年1月，姜建清牵头，由中国—中东欧基金和中欧国际工商学院联合发起设立的中东欧经济研究所在上海正式成立，致力于研究中东欧16国及相关国家的经济、金融、产业、投资、贸易及人文和社会领域，为中国企业投资中东欧市场提供智力支持和科研服务，向国家有关部门针对中东欧国家合作提供研究支持。

金融家的人生离不开时代的际遇。“我们选择金融是幸福的，感恩这个伟大的时代，使我们有幸能参与这场波澜壮阔的中国金融业改革。”姜建清曾在很多场合这样说。如果说姜建清的上半场更多是学者型企业家的话，那么姜建清的下半场可能就偏重于企业家型的学者。2016 年 3 月，工商银行年报中的董事长致辞成为姜建清任职期间的最后一份致辞。在某种程度上，这份致辞可以视为姜建清对自己执掌工商银行 16 年的总结。“时间将过往的努力留给历史，也将美好的希望留给未来”，姜建清在这份致辞中这样写道，“工商银行一定能够爬坡过坎，行稳致远，并为经济社会的发展注入正能量、做出新贡献！”现在看来，这不仅是他对自己倾注多年心血的工商银行的期许，也是他对自己人生下一程的希冀。

后记

2000年2月，姜建清出任中国工商银行行长时，中国工商银行存在巨额的不良资产，在技术上已经破产。2016年5月，姜建清离任中国工商银行股份有限公司董事长时，中国工商银行已经迈入了世界领先的大银行之列，一直稳居最赚钱的上市银行榜首。姜建清是一位从银行基层岗位成长起来的银行家，深谙银行管理之道。梳理其执掌期间的工商银行发展历程，我们可以窥见姜建清所扮演的管理角色及其管理思想。在姜建清执掌中国工商银行的16年间，姜建清既是管理者，实现了工商银行不良贷款的“疏导、清淤、堵漏”；也是变革者，按照国际上市公司标准改造工商银行，实现了境内外的同步上市；还是开拓者，审时度势地推动工商银行国际化，其主导推动的海外金融机构多次并购均获成功；更是创新者，结合信息技术的快速发展，实现了工商银行的信息化，进而推动工商银行向信息化银行迈进。而支撑姜建清这诸多管理角色和思想背后的重要基石是他持之以恒的学习力。2017 年 4 月，经过复旦管理学奖励基金会、上海第一财经传媒及复旦大学东方管理研究院多次邀请和沟通，姜建清及曾参与工商银行管理的部分相关人员接受了我们的调研访谈，让我们能够面对面地感受姜建清管理的心路历程，也为本书的撰写提供了难能可贵的第一手资料。在本书即将付梓之际，姜建清的《世界金融百年沧桑记忆②》《世界金融百年沧桑记忆③》也已经相继出版，其工商银行继任者也已更迭。中国工商银行除了 2016 年营业总收入有所下降外，2017 年到 2020 年仍保持着超过 6% 的年复合增长率。中国四大行在《银行家》“2018 全球银行 1000 强”“2019 全球银行 1000 强”“2020 全球银行 1000 强”榜单中继续包揽前四位。

古人云：“时移势易，踵事增华。”美国著名管理学家汤姆·彼得斯说：“领导力的答案也绝非一成不变。”随着领导力的重要性在 VUCA 时代（指变幻莫测的时代）的凸显，如今是一个各种“领导力”概念和理论满天飞的时代。“愿景型领导力”“情境领导力”“赋能领导力”“可持续领导力”“结果导向的领导力”“积极领导力”“变革领导力”“真诚领导力”“女性领导力”“中层领导力”“蓝海领导力”等新概念、新思想层出不穷。组织行为学领域著名学者杰佛瑞·菲佛指出，组织行为学研究显示出“极弱的范式发展水平，尤其是相比于相关的社会科学，如心理学、经济学乃至政治学”。即便如此，哈佛大学组织行为学教授拉凯什·库拉纳仍然认为，在组织行为学的诸多研究领域当中，“或许就学术标准而言，唯一‘发育不全’的学科就是领导力了，即便是组织行为学的专业学者也会对其同行在相关领域的勤奋工作成果嗤之以鼻，在领导力方面根本就没有什么大家都认可的前提条件”。尽管包括哈佛在内的越来越多的商学院都将“培育领袖”作为自己的使命之一，但是，正如斯图尔特·克雷纳和戴斯·狄洛夫二人在《领导力的本质》一书中总结的，“领导力需要在多方之间进行平衡，这就需要有原则，需要行动起来，需要不断学习。领导力源自情景，同时也源自个人的才智和抱负”。这就是说，领导力关乎感觉、情绪、任务、情境，以及那些追随者、那些受到领导者行为感召的人，并且是这些因素相互耦合、共同作用且相互平衡的结果。本书在写作过程中，希望尽量保持客观、全面和中立的态度。但是，领导力领域研究的“发育不全”和影响因素的复杂性，以及受到相关资料的限制，使我们难免顾此失彼，存在这样或那样的错误或局限性，敬请读者谅解。同时，在撰写的过程中，也借鉴了姜建清本人的许多著作，以及其他一些作者对姜建清的研究和报道，在此一并致以诚挚的谢意。

正如经济学家凯恩斯在《就业、利息和货币通论》中提到的“动物本能”及“金融巨鳄”索罗斯在《金融炼金术》中指出的“反身性理论”，导致领导力缺乏范式、“发育不全”的重要原因是人类社会系统的复杂性，存在着非结构化、高度不确定性、自适应性等特征，传统的结构化思维模式在解决人类社会的谜团上显得“捉襟见肘”。我们认为管理问题更多的是谜团而非难题，解决难题的结果是提供具体的答案，而探索谜团则有助于产生新的洞见，因而本书希望给读者的是洞见，而非答案，如同管理大师斯图尔特·克雷纳所说，“管理没有永恒的答案，只有永恒的追问”。

参考文献

［1］本杰明·戈梅斯·卡塞雷斯．谁是通用电气模式覆灭的罪魁祸首［J］．哈佛商业评论，2018（8）．

［2］蔡元培．中国伦理学史［M］．上海：上海书店出版社，1984.

［3］蔡钰．姜建清：渐进式并购学［J］．中国企业家，2009（23）．

［4］拉姆·查兰．求胜于未知［M］．北京：机械工业出版社，2018.

［5］姜建清．竞争形势下的银行服务的新趋势［J］．上海金融，1988（5）．

［6］姜建清．美国银行业的电子化发展与分支机构收缩［J］．中国金融，1996（3）．

［7］姜建清．以高新技术为动力推进上海金融业发展［J］．上海金融，1998（1）．

［8］姜建清．美国银行业的科技革命［M］．上海：上海财经大学出版社，1999.

［9］姜建清．金融高科技的发展及其深层次影响研究［M］．北京：中国金融出版社，2000.

［10］姜建清．培育现代商业银行核心竞争力［J］．中国金融家，2004（12）．

［11］姜建清．银行信息技术的昨天、今天与明天［J］．中国金融电脑，

2001（10）.

［12］姜建清．银行数据集中工程开创金融信息化建设的新时代［J］．中国金融电脑，2009（10）.

［13］姜建清．中国银行业信息化问题探讨［J］．中国流通经济，2012（8）.

［14］姜建清．银行足迹——亲历金融改革的思考［M］．北京：中国金融出版社，2016.

［15］姜建清．互联网金融促进商业银行转型［N］．社会科学报，2014-9-18.

［16］姜建清．迎接互联网金融发展和大数据时代带来的挑战［J］．中国城市金融，2014（10）.

［17］姜建清．互联网金融与信息化银行建设［J］．金融监管研究，2014（10）.

［18］姜建清．在互联网金融棋局中刻下“工商银行印记”［J］．中国城市金融，2015（4）.

［19］姜建清．金融中介功能的完善与发展［J］．中国金融，2015（24）.

［20］姜建清．为“金融科技”正名［N］．第一财经日报，2017-7-10.

［21］姜建清．商业银行国际化：环境与体制［M］．北京：中国金融出版社，2009.

［22］姜建清．全球经济新格局下中国金融发展的路线图［N］．金融时报，2009-12-23.

［23］姜建清．把工商银行建设成国际一流现代金融企业［J］．中国金融，2009（19）.

[24] 姜建清. 大型银行的国际化进程——中国工商银行的实践 [J]. 中国金融，2010（19）.

[25] 姜建清. 全面建设现代金融企业 [J]. 中国金融家，2011（5）.

[26] 姜建清. 工商银行的国际化发展之路 [J]. 中国金融，2012（4）.

[27] 姜建清. 稳健“走出去”成长为全球性银行 [J]. 中国银行家，2012（11）.

[28] 姜建清. 打造中资跨国银行 [J]. 财经，2013（10）.

[29] 姜建清. 走向国际：从跨国银行看中国银行业国际化 [M]. 北京：中国金融出版社，2013.

[30] 姜建清. 中国银行业“走出去”的实践与思考 [J]. 全球化，2015（5）.

[31] 姜建清. 金融发展需要胆识、审慎与毅力 [N]. 联合时报，2017-7-28.

[32] 姜建清. 沿着科学发展的道路阔步前进——在中国工商银行发展战略研讨会上的讲话 [J]. 中国城市金融，2008（1）.

[33] 姜建清. 企业家的信心源自哪里 [J]. 中国企业家，2008（24）.

[34] 姜建清. 做金融变革时代的改革创新者 [J]. 中国金融，2014（1）.

[35] 姜建清. 工商银行最早试水的项目从亏 5.4 亿到赚 100 亿，来听姜建清的十六字并购心经 [J]. 中国机电工业，2017（5）.

[36] 姜建清. 岁月撷珍——银行博物馆精品鉴赏集 [M]. 上海：上海人民美术出版社，2013.

[37] 姜建清. 银行足迹：亲历金融改革的思考（上册、下册）[M]. 北京：中国金融出版社，2016.

[38] 马雪梅. 中国企业全球化人才“秘方” [J]. 哈佛商业评论（中文版），

2015（10）.

［39］斯图尔特·克雷纳．管理百年［M］．北京：中国人民大学出版社，2013.

［40］斯图尔特·克雷纳．领导力本质［M］．北京：中国人民大学出版社，2017.

［41］苏勇．改变世界：中国杰出企业家管理思想精粹［M］．北京：企业管理出版社，2016.

［42］苏勇．改变世界（二）：中国杰出企业家管理思想精粹［M］．北京：企业管理出版社，2017.

［43］苏勇．改变世界（三）：中国杰出企业家管理思想精粹［M］．北京：企业管理出版社，2018.

［44］苏勇．改变世界（四）：中国杰出企业家管理思想精粹［M］．北京：企业管理出版社，2019.

［45］王昊天．埃森哲：发力“新一代银行”［J］．新理财，2013（1）.

［46］王丰．银行转型攻略：挑战领导力四重门［J］．哈佛商业评论（中文版），2017（7）.

［47］伍良琴．姜建清：把工商银行推向世界的人［N］．企业家日报，2013-1-7.

［48］沃尔特·基希勒三世．战略简史［M］．北京：社会科学文献出版社，2018.

［49］严睿．姜建清：工商银行的互联网+［J］．英才，2015（5）.

[50] 姚建新 . 发掘金融之美 [N] . 金融时报，2016-10-14.

[51] 余雪菲 . 中资银行国际化战略“切勿跟风” [N] . 京华时报，2015-9-24.

[52] 曾令俊，胡秋实 . 姜建清掌舵 16 载：工商银行从亏损变身宇宙行 [N] . 时代周报，2016-5-10.

[53] 中欧案例中心 . 本土智慧：全球化企业与中国策略 [M] . 上海：复旦大学出版社，2017.

[54] 钟津 . 金融合作正逢时——中国工商银行董事长姜建清出访非洲归来访谈录 [J] . 中国金融家，2009 (8) .

[55] 朱晓明，佩德罗 · 雷诺 . 中欧大师课堂辑录（上） [M] . 北京：中国财富出版社，2014.

[56] 朱晓明 . 商业趋势与科技创新 [M] . 上海：复旦大学出版社，2016.

[57] 朱民，蔡金青，艾梅霞 . 中国金融业的崛起 [M] . 北京：中信出版社，2010.